Coordenação Científica da Colecção Ciências e Culturas
João Rui Pita e Ana Leonor Pereira

Os originais enviados são sujeitos a apreciação científica por *referees*

Coordenação Editorial
Maria João Padez Ferreira de Castro

Edição
Imprensa da Universidade de Coimbra
Email: imprensa@uc.pt
URL: http://www.uc.pt/imprensa_uc

Design
António Barros

Pré-Impressão
Carlos Costa

Capa
Cinzas I
2005
Técnica mista
Colecção particular

Print By
CreateSpace

ISBN
978-989-26-0097-0

ISBN Digital
978-989-26-0219-6

DOI
https://doi.org/10.14195/978-989-26-0219-6

Depósito Legal
326675/11

Os volumes desta coleção encontram-se indexados e catalogados
na Basedados da Web of Science.

© Março 2011, Imprensa da Universidade de Coimbra

António
Piedade

Caminhos
de Ciência

I
U

IMPRENSA DA UNIVERSIDADE DE COIMBRA
COIMBRA UNIVERSITY PRESS

• COIMBRA 2011

Sumário

À memória de meu pai José,
que plantava árvores para que os vindouros delas pudessem colher
frutos, da mesma forma que colhia aqueles que frutificavam nas árvores
plantadas pelos seus antepassados.

Prefácio

O poeta espanhol António Machado escreveu versos que ficaram merecidamente célebres e que me vieram logo ao espírito quando li, no título do manuscrito que deu origem a este livro, a palavra "caminhos":

"- Caminante, no hay camino,
se hace camino al andar."

Um cientista é, de facto, um caminhante que *"faz caminho ao andar"*. A ciência progride quando o cientista percorre, por sua escolha, caminhos que nunca antes ninguém tinha sulcado, mas que a partir daí ficam à disposição de outros para serem alargados e melhorados. Por vezes o primeiro passeio é solitário, enquanto noutras ocasiões a excursão se realiza em grupo. Nalguns casos, uma vereda estreita, escolhida com inteligência por um só caminhante ou por um pequeno grupo no meio de terreno virgem, dá progressivamente lugar a uma via larga por onde muita gente vai passar.

Esta metáfora do desbravar das fronteiras de ciência não é, evidentemente, original. O grande matemático alemão David Hilbert, num discurso que pronunciou em memória do seu colega suíço Hermann Minkowski (o famoso professor de Matemática de Einstein, na Escola Politécnica de Zurique, que mais tarde ajudou à matematização da teoria da relatividade restrita), afirmou:

A nossa ciência, que amámos acima de todas as coisas, juntou-nos. Ela apareceu-nos como um jardim florido. Neste jardim existiam caminhos bem conhecidos de onde se podia olhar à volta à vontade e desfrutar a paisagem sem esforço, especialmente ao lado de um companheiro de ofício. Mas também

gostámos de procurar trilhos escondidos, tendo descoberto uma vista inespe-
rada que era agradável aos olhos; e quando um a apontava aos outros, e a
admirámos em conjunto, o nosso prazer era completo.

O prazer da descoberta científica começa, portanto, por ser o prazer dos calcorreadores de novos trilhos, um prazer que tem de ser, pela própria natureza da ciência, rapidamente comunicado a outros (ciência oculta não é ciência!), de modo a que a admiração seja *em conjunto* e o *prazer completo*. Em primeiro lugar, é comunicado aos colegas de ofício que sabem reconhecer um "bom caminho". É a partilha imediata do saber entre os pares que permite a sua avaliação e eventual validação, impedindo a propagação de quaisquer erros. Mas o prazer da descoberta deve também ser, sem grande atraso, comunicado à sociedade em geral, para que os mais interessados fiquem com uma ideia, ainda que preliminar e aproximada, do que acaba de ser acrescentado a esse património da humanidade que é o conhecimento científico do mundo. A ciência, um dos mais notáveis empreendimentos do *Homo sapiens sapiens*, deve ser propriedade de todos. E, por isso, as novidades da ciência devem estar à disposição do conjunto de todos os seres humanos, que têm, além dessa aquisição intelectual, também direito aos benefícios da aplicação dos conhecimentos do modo mais equitativo que for possível. A ampla difusão dos ensinamentos assim como das aplicações da ciência é hoje um elemento indispensável do conceito de ciência.

António Piedade é um talentoso comunicador de ciência. Com formação em bioquímica e vários artigos originais publicados nessa área do conhecimento científico, ele sabe como o *"caminho se faz a andar"*. Tem-se revelado, nos últimos anos, uma voz original na comunicação de ciência em língua portuguesa, uma voz que consegue com aparente facilidade transpor a barreira entre os primeiros exploradores e aqueles que estão interessados em saber novas da exploração. Os seus dotes de comunicador eram já conhecidos dos leitores das crónicas que foram reunidas no livro *"Íris Científica"* (Coimbra, 2005), mas agora eles estão mais apurados e revelam-se de forma ainda mais clara nesta obra, que o autor, talvez inspirado no poeta espanhol, intitulou *"Caminhos de Ciência"*. Desta vez reuniu um conjunto de crónicas publicadas principalmente no jornal *"Diário de Coimbra"* e republicadas no blogue *"De Rerum Natura"*, que com ele e outros colegas e amigos mantenho na Internet desde 2007 (o título *"Da Natureza das Coisas"* foi tomado do poeta latino Tito Lucrécio Caro, que viveu no século I da era cristã). Essas crónicas mereciam a dignidade e a visibilidade pública que só a reunião entre a capa e a contracapa de um livro podem proporcionar. O presente livro, que a Imprensa da Universidade de Coimbra resolveu em boa hora trazer a lume, contribuirá decerto para alargar substancialmente o número dos seus leitores e admiradores.

Há um elemento muito peculiar na escrita de António Piedade que contribui sobremaneira para o prazer da leitura: é a marca literária, por vezes mesmo poética, que ele sabe imprimir à sua escrita. As crónicas partem, em geral, de situações do quotidiano, que no caso das crónicas de ciência são o dia a dia da descoberta científica, nos laboratórios e centros de investigação, esse percorrer de caminhos de que falava Hilbert. Mas o modo como o presente autor nos transmite esse dia a dia prende-nos sobretudo pelo lado da emoção e da arte. A arte da prosa é enriquecida pela arte das ilustrações, da autoria de Diana Marques. E, por vezes, é enriquecida ainda por referências a sons musicais que o leitor poderá encontrar e ouvir (o autor revela-nos como a música se liga ao vazio cósmico, ao Sol e aos nossos próprios genes). Esta ligação à arte mostra bem como é completamente errada a ideia, infelizmente mais comum do que seria desejável, de que a ciência é uma atividade fria e burocrática. A ciência é uma atividade humana, à qual não falta nada do que é humano. Entrelaça-se amiúde com a arte. Pois não falava Hilbert de *"vista agradável aos olhos"*, deixando bem claro o elemento estético da ciência?

Os temas dos textos aqui reunidos pertencem, na sua grande maioria, ao domínio das ciências da vida, o que era de esperar dada a formação do autor. Mas as ciências básicas como a física e a química estão de uma maneira ou de outra presentes, como é natural uma vez que elas, por um lado, dão conta dos processos elementares que originam a rica fenomenologia da vida (a genética, o sistema neuronal, a fisiologia, etc.) e, por outro, ajudam instrumentalmente a desvendar os segredos da vida (basta pensar na poderosa imagiologia física ou na complexa bioquímica que a moderna biomedicina exige). Ao ter sempre presente a interdisciplinaridade, este livro ajuda a compreender os novos caminhos das ciências e o modo como eles estão a ser percorridos pelos cientistas de hoje. O autor parte, em muitos casos, de notícias que apareceram no final da primeira década do segundo milénio, a década em que se descodificou o genoma humano e em que foi criada a primeira "bactéria artificial", e conta-nos não só o que tem sido conseguido no desbravar das fronteiras científicas mas também quais são as novas fronteiras que se perscrutam.

À medida que a ciência avança, a comunicação científica também avança. "*Caminhos* de Ciência" é uma apresentação singular e inovadora no nosso panorama da divulgação científica.

Os caminhos da comunicação científica tal como os da ciência fazem-se a caminhar...

Coimbra, 25 de janeiro de 2011

Carlos Fiolhais

Nota Introdutória

Por estes "Caminhos de Ciência" estão reunidas algumas das crónicas que escrevi, entre setembro de 2009 e janeiro de 2011, maioritariamente no jornal *"Diário de Coimbra"*, mas também no semanário *"O Despertar"*, os dois publicados em Coimbra, na página Web da Associação Viver a Ciência e na revista *"Biologia e Sociedade"* da Ordem dos Biólogos.

Todas as crónicas partilharam um habitat virtual comum: a seguir à sua publicação no papel foram publicadas no blogue de referência sobre ciência e cultura científica em Portugal: *"De Rerum Natura."*

Há uma pessoa de ligação amiga entre a informação contida nos dois parágrafos anteriores: Carlos Fiolhais. Vou explicar, de seguida, porquê.

Depois da publicação em 2005 do meu livro *"Íris Científica"*, suspendi por completo a minha atividade de "cronista de ciência", por razões que têm a ver, por um lado, com a produção de conhecimento científico em que estava envolvido a tempo inteiro, mas também com os acontecimentos mais belos da minha vida: os nascimentos das minhas filhas em 2006 e em 2008.

Em meados de 2009, em conversa a propósito de outros assuntos também ligados à comunicação científica, o Doutor Carlos Fiolhais, que tinha apresentado o meu primeiro livro, no extinto Museu Nacional da Ciência e da Técnica, ligado ao nome do Doutor Mário Silva, lançou-me o desafio e o incentivo para retomar a escrita em comunicação de ciência, abrindo-me as portas do *"De Rerum Natura"*, blogue onde poderiam ser publicados os textos que eu entretanto fosse escrevinhando para a imprensa escrita. E assim aconteceu. Retomei o hábito e, com persistência semanal, fui caminhando por diversos temas de natureza científica e tecnológica, em geral atuais como exigem os leitores, sempre com a intenção (e não a pretensão) de ser útil a esta ou aquela pessoa, independente da eventual especialidade.

Por tudo isto e pelo facto de ter aceite prefaciar o presente livro, estou muito grato ao Doutor Carlos Fiolhais.

A contenção quantitativa de palavras que a escrita jornalística impõe obrigou-me a ser criativo quanto baste, tentando prender a atenção do leitor, desejando que ele, em cinco minutos de leitura, ficasse com algum conhecimento ou informação que continuasse útil após o dia acabar.

Esforcei-me na construção de textos que permitissem ao leitor extrair algo mais do que fica explícito a preto no branco no espartilho tirano dos 3000 carateres. Daí o apelar, de quando em quando, à imaginação do leitor através da associação de imagens e situações comuns, que pudessem deixar marcas na memória.

A translação para o formato atual em livro, mais perene, exigiu-me que editasse, em cada um dos textos, tudo o que foi necessário para lhes conferir alguma intemporalidade.

Estas crónicas foram forjadas entre outros trabalhos diários e, muitas vezes, foram o meu escape, o meu desabafo, a minha bengala ao longo do meu caminho. Entre as linhas, e sem pedir licença, fiz muitas vezes dos meus eventuais leitores confidentes discretos. Agradeço-lhes não só por isso, mas também pelas palavras vivas de incentivo que me deram em muitos contactos gratificantes. Foram caminhos que percorri com os leitores. Foi sobretudo por eles e pelo retorno que me deram daquilo que escrevi que continuei e continuo a escrever.

Estou muito grato aos responsáveis dos jornais que me deram espaço e liberdade para escrever o que entendesse por bem escrever. Em mais de cem crónicas escritas entre setembro de 2009 e dezembro de 2010 nunca recebi uma única interferência editorial. É gratificante poder escrever sobre ciência em jornais como o *Diário de Coimbra* e *O Despertar* que, apesar de serem considerados regionais, chegam a leitores seus assinantes muito além das fronteiras lusas! Este livro é-lhes também dedicado.

Este trabalho, que agora aqui fica ao dispor de outros, também está impregnado do apoio constante da minha querida esposa Isabel, assim como da irrequietude permanente, própria da infância, das minhas queridas filhas Maria Leonor e Ana Catarina. Elas são notas imprescindíveis na partitura que é a sinfonia da minha vida.

Estou muito grato à Direção do Museu da Ciência da Universidade de Coimbra, nas pessoas do Doutor Paulo Gama Mota, da Doutora Carlota Simões e do Doutor Pedro Casaleiro, pelo incentivo e apoio que sempre me transmitiram em diversas fases deste projecto. Em particular, quero agradecer a indicação que por eles me foi feita da ilustradora Diana Marques que, enquanto a efectuar o seu estágio de ilustração científica no Museu da Ciência da UC, se disponibilizou para ilustrar todas as crónicas aqui reunidas. Arte e ciência encontram assim um diálogo frutífero no livro que aqui se apresenta.

Por fim, quero agradecer à Imprensa da Universidade de Coimbra, na pessoa do seu Diretor, o Doutor João Gouveia Monteiro, a possibilidade que me deu em publicar a reunião destas crónicas sob a chancela de uma prestigiada instituição. Sinto-me muito honrado.

Jardim Botânico da Universidade de Coimbra, 24 de fevereiro de 2011

António Piedade

CAMINHOS NEURONAIS

Caminho adentro um trilho florestal debruado por pinheiros e eucaliptos. As folhas acompanham-me com os versos do poeta andaluz, Manuel Machado:"...*caminante no hay camino, se hace el camino al andar*". De facto, só ao caminhar desvendo o fluir do caminho, os seus trilhos efluentes, as suas sendas que ficam inexoráveis para trás. Caminho à beira-mar com a água salina a ondular a areia em vagas pulsantes. A cada onda, desaparecem os rastos dos meus passos. É como se a água levasse o caminho feito. A cada onda, renova-se o areal horizonte de meus passos futuros, como se uma nova folha se esbranquiçasse para receber, novamente virgem, o traço seguinte.

Caminho ao longo de um axónio imaginário, prolongamento celular nervoso que nasce do corpo neuronal e se espraia até à enseada da sua ligação, ou sinapse, com o neurónio a quem passa o testemunho de uma mensagem que flui. Flui como uma onda salina de potássio e sódio, propulsionada por uma ação potencial de natureza eletroquímica. A passagem de testemunho tem cambiantes químicos que modelam a mensagem com neurotransmissores específicos: serotonina e noradrenalina associadas ao "humor"; dopamina ao controlo motor; acetilcolina à aprendizagem e memória; ácido gama-aminobutírico à inibição; glutamato e aspartato à estimulação; *et cetera*.

A vaga neurotransmissora banha o neurónio pós-sináptico, passo seguinte, e uma nova onda se espoleta e conflui com milhares de outras vindas de tantos outros neurónios, numa raiz dendrítica que encorpa no integrante corpo celular.

E assim, de sinapse em sinapse, passo a passo, a mensagem faz o seu caminho e a via neuronal se estabelece, consequente, numa ação causal de efeitos complexos ainda pouco estabelecidos, porque muitos são os caminhos e muitas as suas intercomunicações em rede. Constelações neuronais em estruturas cerebrais específicas, delineiam caminhos e destinos ainda por identificar e relacionar com ações e sensações, com pensamentos e palavras. Alguns peregrinos, como Xim Jin e Rui M. Costa, encon-

17

traram em faróis banhados por vagas dopaminérgicas, os contornos iniciais e finais de gestos sequenciais[1].

Outros peregrinos, como Vivien Chevaleyre e Steven A. Siegelbaum, percorreram os caminhos definidos por diferentes tipos de neurónios piramidais que se alinham no hipocampo e que se sabe estarem envolvidos, de alguma forma, no estabelecimento de uma memória espacial essencial à repetição do gesto[2]. Especificamente, identificaram que neurónios piramidais, do tipo CA2, desempenham um papel que inverte a força das vagas no palco sináptico: "dão" mais ímpeto às mensagens longínquas vindas do córtex e "abafam" as dos seus vizinhos piramidais do tipo CA3, neurónios também do hipocampo.

Um dia, se o sonho tiver natureza neuronal, peço emprestado o verso ao poeta luso António Gedeão e digo que *"Eles nem sabem nem sonham, que o sonho comanda a vida"* e que é pelo sonho que caminhamos!

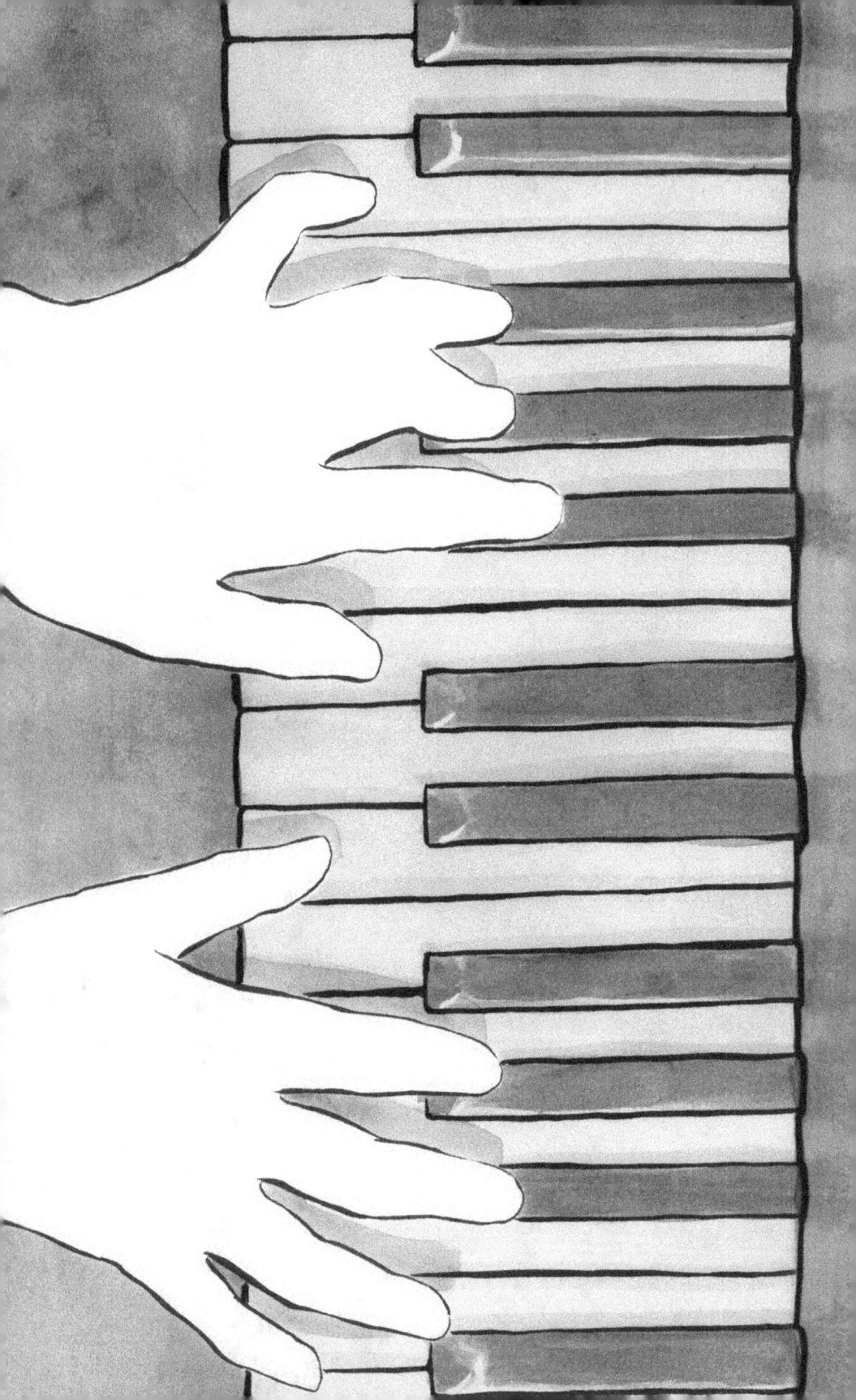

Neurónios Sinaleiros

Está a ler um livro. Queira por favor mover a sua mão até ao canto superior direito da folha e oprima o canto desta com o seu polegar e o seu indicador direito (no caso de estar a ler num suporte digital, substitua o alvo pelo canto superior direito do monitor).

Tome agora consciência do gesto que acabou de fazer e que muito provavelmente acompanhou com o olhar (que certificou a exatidão da posição final) e recorde-o mentalmente (se ajudar, feche momentaneamente os seus olhos). Repita o gesto, mas agora certifique-se mesmo que não olha para a sua mão em nenhum momento do tempo que demora a levar os dedos até ao canto superior direito. Mesmo que não tenha seguido inicialmente o movimento com os seus olhos, é muito capaz de imaginar o gesto que fez da primeira vez e repeti-lo com uma precisão aceitável. Os olhos permitem que o cérebro veja, mas este também é capaz de gerar imagens de referência, a partir de padrões previamente adquiridos, que pode utilizar libertando assim os olhos para outros horizontes. Por exemplo, os pianistas conseguem estar a tocar, movimentando os dedos das duas mãos, sem o auxílio dos olhos, que poderão estar fixos na partitura musical. Impressionante não é?

Sinta de novo todo o movimento, desde o início até ao fim, e imagine a quanti-dade de músculos envolvidos neste gesto. São muitos, não são? Ombro, braço, mão e dedos... como é que esta quantidade de músculos é controlada, orquestrada, para efetuar aquele gesto?

Pense agora, só por um instante, que não conseguia de todo, ou com muita difi-culdade, realizar aquele gesto. Sente a mão e o antebraço pesados, não é? E se não o conseguisse devido a um tremor redutor da sua motricidade fina?

Mas afinal de contas, o que é que estamos para aqui a experimentar? Estamos a dar enfoque à nossa capacidade de controlo motor, mais ou menos fino consoante a idade e o contexto de saúde da pessoa em causa.

Para quê? Para nos identificarmos e sintonizarmos melhor com o significado e importância da investigação que tem sido realizada por neurocientistas e que visa, primeiro identificar e compreender, para depois poder aplicar esse conhecimento em terapias dirigidas ou ajustadas a determinadas disfunções do sistema motor. Que disfunções? Por exemplo, as que estão associadas a doenças neurodegenerativas e que afetam o controlo motor, como são as de Parkinson e Huntington.

Recapitulemos o gesto inicial pondo agora em evidência as áreas cerebrais que se sabem estarem associadas ao simples gesto que acabou de realizar.

Não cabe neste espaço detalhar como é que o cérebro "percebeu" que deveria "coordenar" o movimento da sua mão direita até ao canto superior direito (da folha, ou do monitor). Contudo, refira-se que um "frenesim" de circuitos neuronais em diferentes zonas do cérebro, como sejam o córtex visual, o córtex de associação visual, o cerebelo e o hipocampo, estão ativos e a "trabalhar" em conjunto, para que possam identificar e dar significado aos carateres gráficos que os seus olhos captam. Descodificada a informação lida, são ativados os circuitos neuronais apropriados para executar o gesto sugerido. Identificado o alvo final do movimento, fruto do trabalho do córtex visual (lobo occipital) e/ou do córtex pré-motor (lobo frontal do cérebro), entram rapidamente em ação o córtex motor do hemisfério esquerdo (as vias de comunicação entre o cérebro e o corpo estão, em geral, cruzadas), o cerebelo (maestro da motricidade, equilíbrio e postura corporal) e os gânglios basais. De alguma forma, inúmeros circuitos neuronais estabelecem comunicação em rede entre estas estruturas cerebrais e o córtex motor que envia impulsos nervosos (eferentes) para os músculos necessários à execução do movimento sugerido. No reverso, impulsos nervosos (aferentes) retornam dos músculos ativados, assim como dos órgãos visuais, para que as estruturas cerebrais nos lobos frontais e occipitais "monitorizem" a cada instante a boa prossecução e suavidade do gesto. Muitas centenas de trocas de informação entre circuitos neuronais e músculos de forma a assegurar que a mão se dirige para o local pretendido. Mas, em que zona(s) do cérebro se encontram os circuitos neuronais responsáveis pelo envio das ordens: iniciar e terminar o movimento? Estarão situados em zonas diferentes?

Num artigo publicado por Xin Jin e Rui M. Costa (investigador principal do Programa Champalimaud de Neurociências no Instituto Gulbenkian de Ciência), na revista Nature [3], são apresentados os resultados de investigações por eles efetuadas, desde 2008, e que visam identificar e entender os circuitos neuronais envolvidos na aprendizagem do "iniciar" e do "terminar" um movimento ou tarefa. Para isso utilizaram ratinhos que, a troco de guloseimas (açúcar) "aprenderam" a tocar oito vezes (e não sete ou nove) numa mesma tecla de um piano.

Já se sabia que um grupo de neurónios, ativados pelo neurotransmissor dopamina (neurónios dopaminérgicos) e situados no corpo estriado nos gânglios basais, que delineiam uma das principais vias dopaminérgicas (a nigroestriatal), estavam, de alguma forma, envolvidos na aprendizagem de ações sequenciais e na execução de tarefas.

O que Rui M. Costa e Xin Jin identificaram é que há um grupo destes neurónios que se ativa quando se inicia a tarefa e outro conjunto, distinto do primeiro, que é ativado para a ação terminar. É como se fossem as letras capitais e os pontos finais no texto das instruções para um dado movimento ou tarefa. Uma espécie de neurónios sinaleiros que dirigem o início e o fim de tarefas sequenciais para além de estruturarem sintacticamente a aprendizagem de novos movimentos.

Para além do natural interesse para a compreensão de como o nosso cérebro funciona, a identificação destes interruptores neuronais tem interesse particular para a compreensão das desordens motoras associadas às doenças de Parkinson ou de Huntington, uma vez que se sabe estarem os neurónios dopaminérgicos dos gânglios basais afetados ou mortos nestas afeções neurodegenerativas.

Serão também estes os neurónios da tabuada, da recitação, das lengalengas?

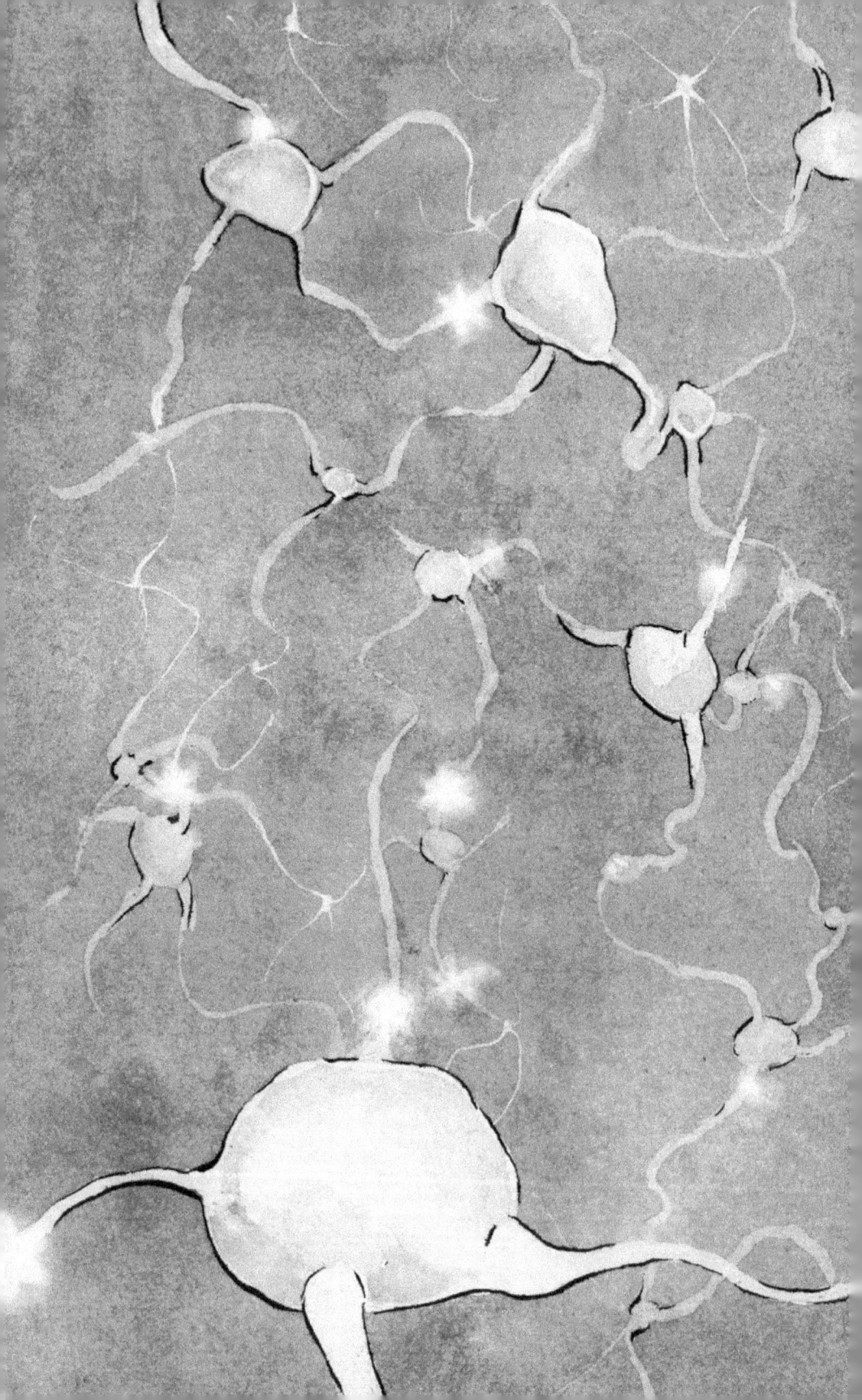

Neurónios Cinéfilos

Neurónios são as células do sistema nervoso responsáveis pela transmissão dos impulsos ditos nervosos (em rigor, devemos falar da propagação de potenciais de ação, quais ondas de sais que se propagam entre neurónios). Mas igualmente importante é a sua função integradora e processadora das informações transportadas através desses impulsos, ao longo de milhares de milhões de neurónios que formam as designadas redes neuronais. Em cada neurónio podem convergir em dendrites centenas de ramificações provenientes de milhares de neurónios, localizados em zonas diferentes do cérebro. Do resultado, num determinado momento, do processamento que um dado neurónio faz dos impulsos que a montante lhe chegam, resulta o desencadear de um potencial de ação, impulso nervoso, que envia através de um filamento especializado, designado por axónio, até à jusante de um delta de terminações nervosas que desaguam essa informação, quer a outros neurónios, quer a outras células diferenciadas e especializadas como sejam as células musculares.

Imagine o percurso que é feito pela informação que os seus olhos estão a captar neste momento: da retina dos seus olhos, através do nervo ótico, até diferentes zonas do seu cérebro, para que o seu cérebro descodifique e perceba o que está a ver e ordene, por exemplo, também através de impulsos nervosos que chegam aos músculos que controlam o movimento dos seus olhos, que estes se devem contrair e relaxar coordenadamente para que as suas duas pupilas convirjam sincronizadamente numa direção e sentido que permita a leitura e a mudança de linha ou de parágrafo.

Agora pense na tarefa inversa, ou seja, a deteção de movimento. Os seus olhos estão "parados" fixando o horizonte que os banha com informação luminosa (radiação eletromagnética) que será "traduzida" para informação química (que envolve uma mudança, reversível, na forma de uma proteína específica, a rodopsina) e, novamente traduzida para impulsos nervosos, enviada até ao cérebro através de ondas de sais ao

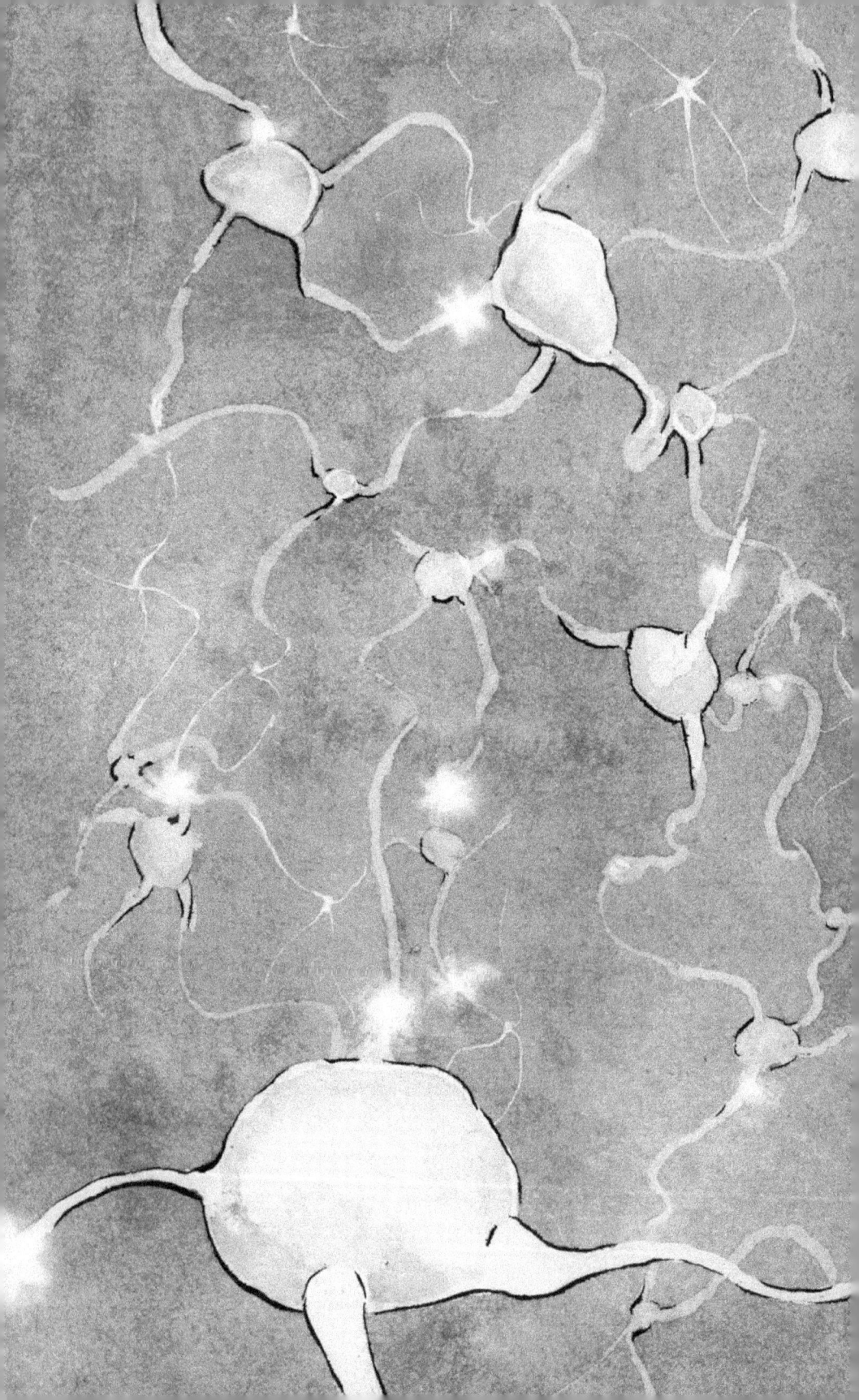

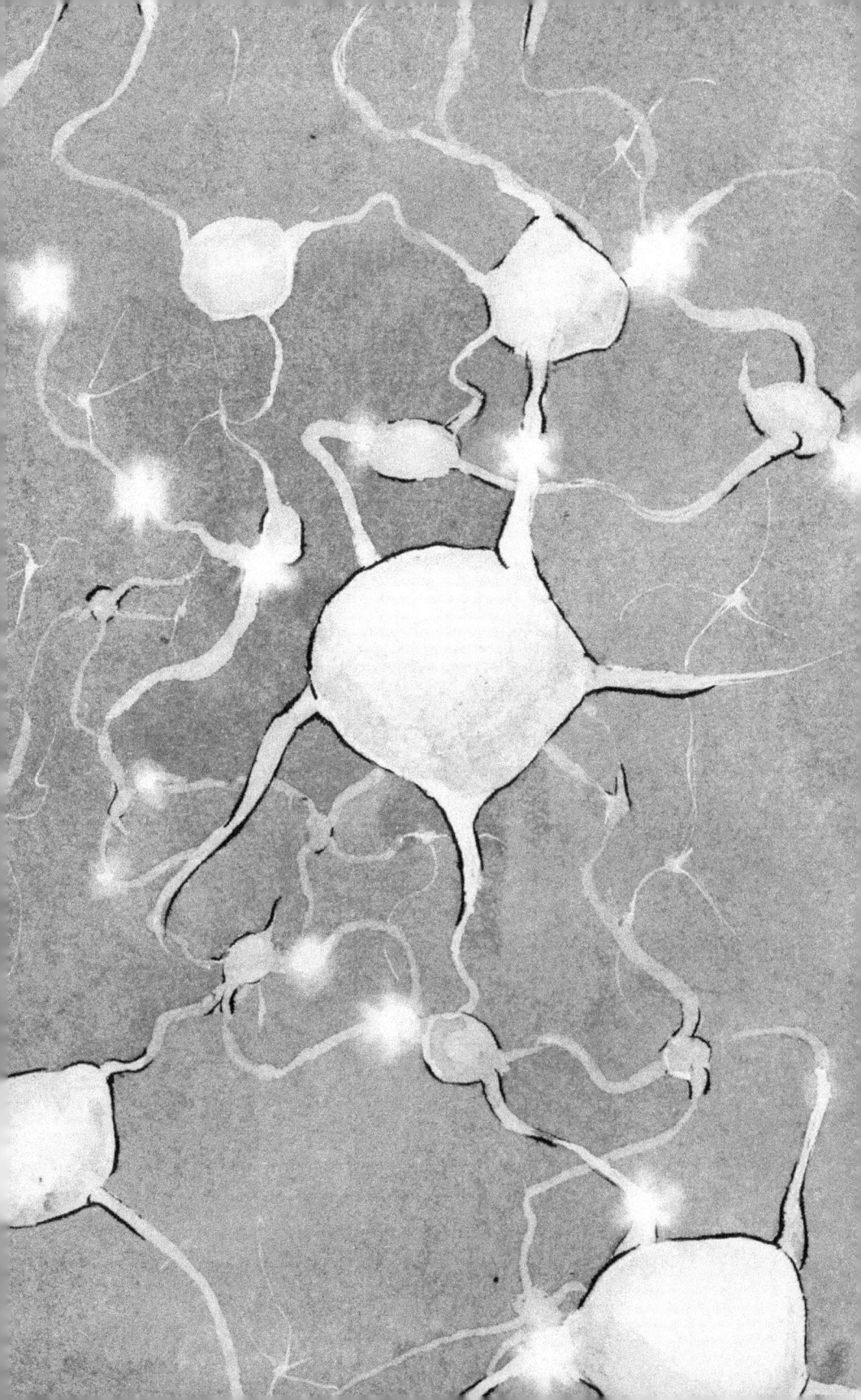

longo dos axónios que compõem o nervo ótico. Se nada se mexer no nosso horizonte, o cérebro traduz a informação nervosa que lhe chega para a imagem estereoscópica que é aquilo que estamos a ver. Mas e se algo se mover no nosso campo visual? Como é que o cérebro, ou melhor, os milhares de neurónios que dão sentido ao que estamos a ver, "percebem" (nos dão a sensação) que algo se moveu e se isso tem importância, por exemplo, para a nossa segurança? Será uma abelha? Estará a afastar-se ou a aproximar-se? Tudo deve tornar-se ainda mais complexo se nós nos estivermos também a mover. Neste caso, o cérebro terá de ter em conta o nosso movimento ou então poderá iludir-nos e isso poder-nos-á ser fatal.

O trabalho efetuado, desde o último quartel do século XX, pelos investigadores norte-americanos J. Anthony Movshon e William T. Newsome sobre este processo de processamento e interpretação espacial do que nos chega à retina, foi agora premiado pela Fundação Champalimaud [4].

De facto, nós precisamos do cérebro não só para ver mas, e principalmente, para perceber e dar significado ao que vemos. E neste processo complexo estão envolvidos diferentes tipos de neurónios em zonas específicas do nosso cérebro. Aqueles cientistas identificaram circuitos de neurónios numa zona do cérebro (Lobo Temporal Médio) que são responsáveis por analisar a informação que lhes é transmitida a partir dos olhos e detetar que algo se move no nosso campo visual. São uma espécie de neurónios agrupados funcionalmente num circuito neuronal e que "apreciam" o movimento. Deverão estar especialmente ativos quando percecionamos um filme (o que vemos é uma sucessão de uma trintena de fotogramas por segundo). São por isso, digo eu, neurónios "cinéfilos", ou seja, são particularmente sensíveis e dedicados aos movimentos, mesmo que de longos planos fixos se trate... Mas também são eles que nos iludem relativamente ao aparente movimento do Sol em volta da Terra.

E contudo, eles estão fixos, em constelações neuronais no nosso cérebro.

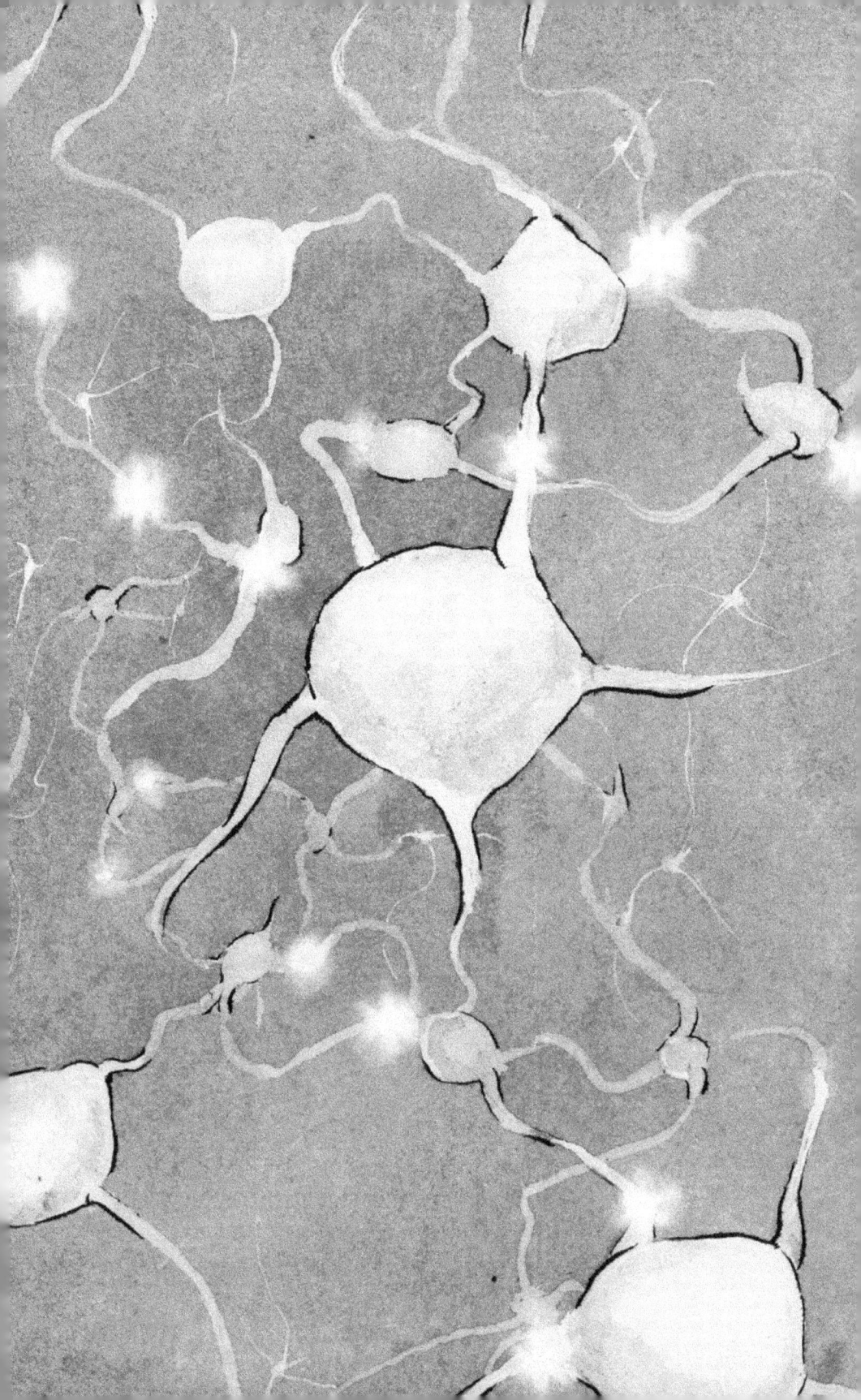

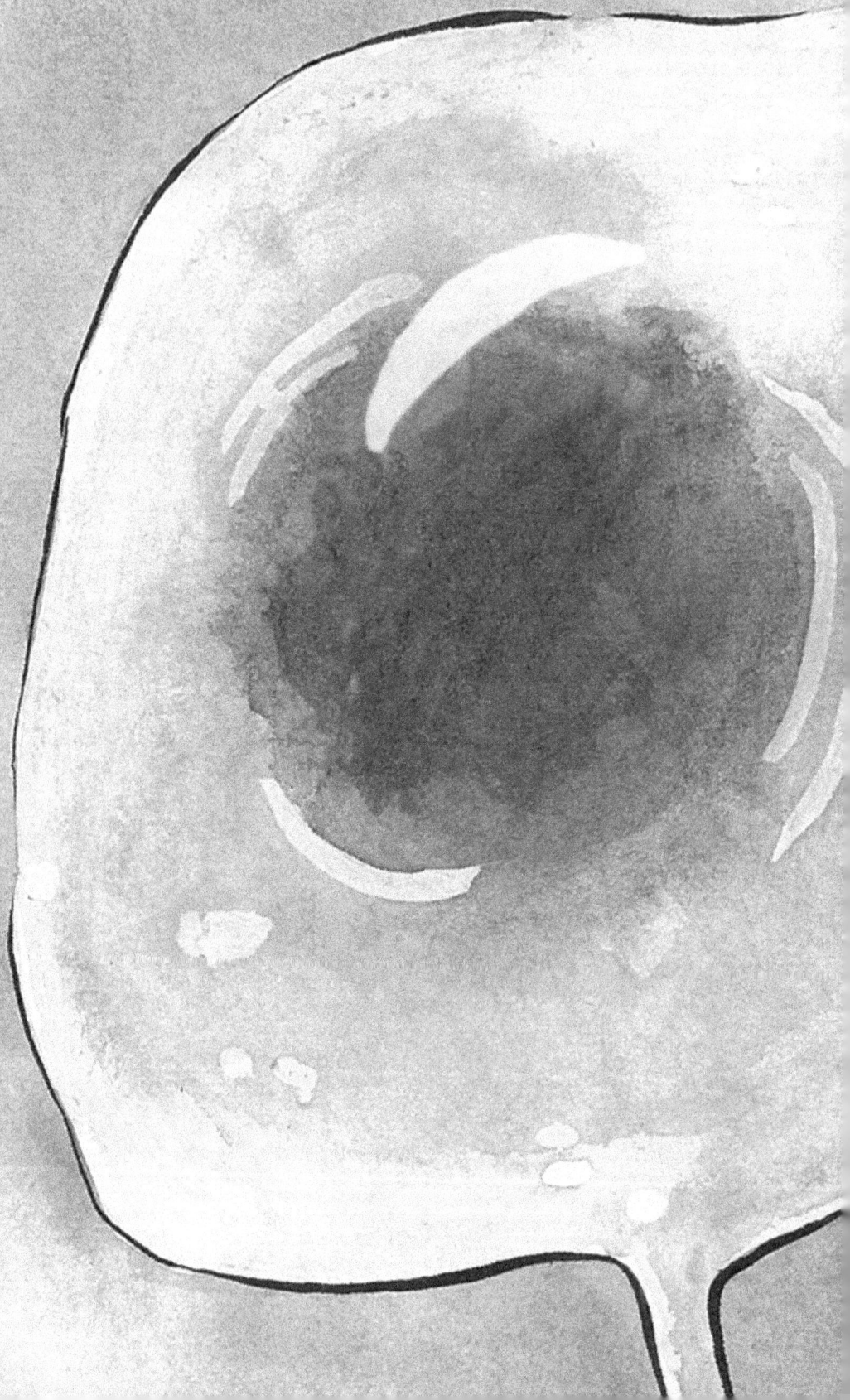

A cooperatividade é intrínseca à vida. Isto quer dizer que os seres vivos cooperam entre si desde as primeiras células, ao longo de há pelo menos 3400 milhões de anos. Cooperam para quê? Para resolverem problemas que de outra forma, e sozinhos, não seriam capazes de resolver, pelo menos tão eficazmente. Ou de outra perspetiva, cooperam para se ajustarem finamente às adversidades ambientais, tendencialmente no sentido de uma maior eficiência energética, com um resultado final sempre na mira da seta do tempo: conseguirem sobreviver e propagar os seus genes. Por outras palavras, garantir uma eficiente organização e transmissão de informação bioquímica/biofísica com um mínimo de gastos energéticos e de assimilação de matéria-prima, como sejam biomoléculas ou radiação eletromagnética (luz solar, exemplo principal).

Há muitas evidências de que a célula evoluiu no sentido de manter um estado de energia interna mínimo, com um determinado desequilíbrio químico dinâmico, de forma a produzir a maior quantidade de trabalho útil para a sua sobrevivência. Trabalho significa aqui, entre outras coisas, a assimilação de matéria-prima criteriosamente selecionada para o seu interior, o movimento de um cílio que propulsione a procura de alimento ou a fuga do perigo, a síntese de biomoléculas próprias e necessárias a uma função específica e competitivamente valiosa, a duplicação da sua informação genética e estrutural para originar duas cópias idênticas entre si. E tudo isto com um concomitante aumento de desordem (entropia) no meio envolvente e externo. Aliás, a segunda lei da termodinâmica mostra que a "seta" do universo aponta para o aumento de entropia total. Logo, à manutenção de uma estrutura extremamente "arrumada", como é a célula, tem que corresponder um aumento de desordem no exterior dela. Quando a célula já não consegue manter esse estado "livre" de aumento de entropia, morre: atinge o equilíbrio químico!

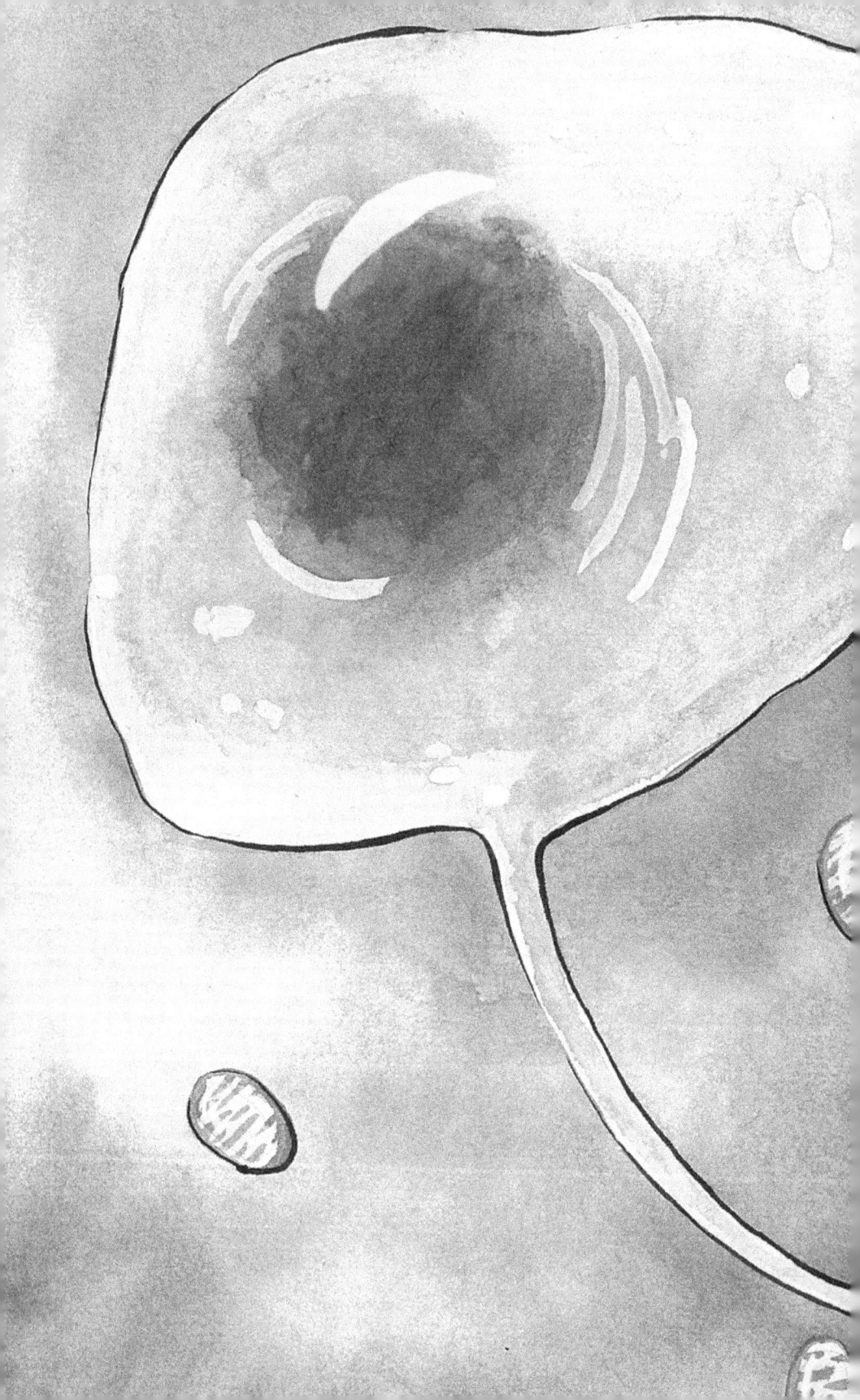

É interessante verificar que a evolução da vida está salpicada com exemplos de cooperação para executar melhor esta "transação termodinâmica". Células que se associam em colónias, inventando seres pluricelulares, com distintas diferenciações para a execução de trabalhos ou funções específicas: as células protetoras da pele; as células contrácteis dos músculos; etc. Numa cooperação dita sinérgica. Isto é, uma cooperação em que o efeito retroativo do trabalho minuciosamente regulado e coordenado de vários subsistemas celulares permite executar tarefas progressivamente mais complexas com um mínimo de energia, impossíveis de realizar com eficácia igual por cada uma das partes isoladamente. Como se costuma dizer, o resultado é "maior" do que a soma das partes e, tal como escrevi noutro lugar, a vida tem uma álgebra própria.

É possível encontrar na natureza muitos exemplos dessa cooperação sinérgica. Entre eles, há um fascinante em múltiplos aspetos: o da relação simbiótica entre as células eucarióticas e as mitocôndrias.

Apresento as mitocôndrias como aquilo que quase toda a gente sabe: são organelos intracelulares responsáveis pelo processamento final das substâncias ricas em energia (açúcares, gorduras) para uma forma de energia bioquímica "universal", o ATP (trifosfato de adenosina, um nucleótido), que a célula e o organismo de que faz parte (se for o caso) utilizam para os trabalhos mais diversos. Por exemplo, cerca de 25% do ATP produzido é "gasto" para manter os neurónios (células do sistema nervoso) funcionais, sem que o organismo "pense nisso"!

São autênticas centrais de transformação energética (*"nada se cria, tudo se transforma"*, para citar Lavoisier). Através de vias metabólicas participantes no ciclo de Krebs (do ácido cítrico ou dos ácidos tricarboxílicos), da cadeia respiratória acoplada a uma fosforilação oxidativa e da beta-oxidação dos ácidos gordos, as mitocôndrias permitem às células eucariotas retirar o máximo rendimento na conversão de combustíveis, como a glicose, em energia na forma de ATP. E fazem isso "libertando" dióxido de carbono e água. Como oxidante, ou carburante, usam o próprio oxigénio molecular. Aliás, precisamos de respirar oxigénio para que as mitocôndrias consigam operar na máxima eficiência.

Mas afinal, onde é que está a anunciada cooperação sinérgica? É que, ao que parece, as mitocôndrias foram outrora seres unicelulares. Algures na história da vida, parecem ter sido "capturadas" por células com núcleo como as nossas. E, em vez de uma digestão apetitosa, teve início uma "bela amizade" muito vantajosa para ambas as partes. Mas esta é a história da próxima crónica...

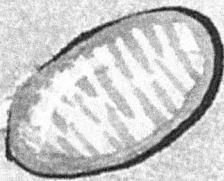

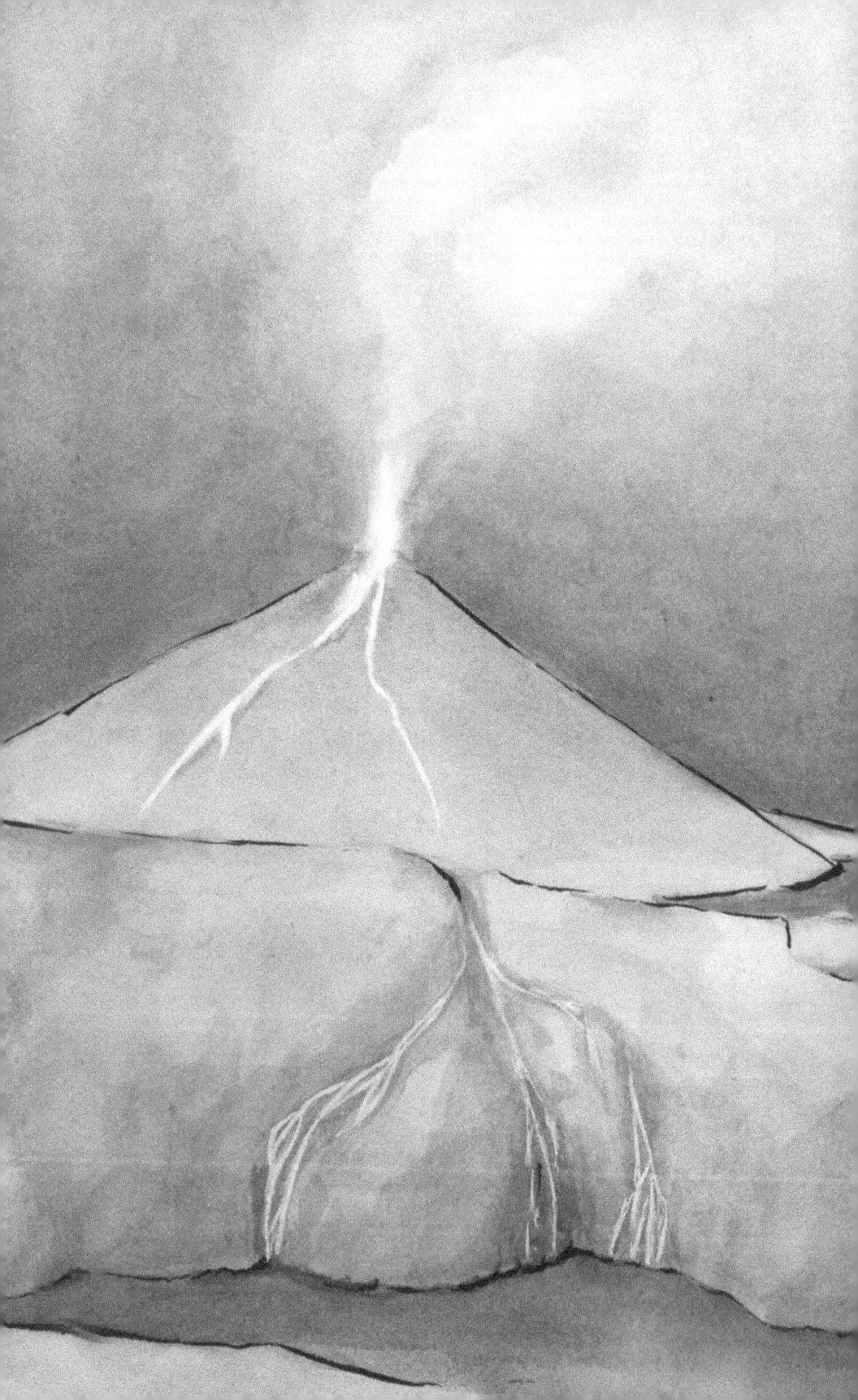

Estamos algures e abstratamente num charco lamacento no nosso planeta, há muitas centenas de milhões de anos atrás. Inúmeras variações de seres unicelulares competiam pela sua sobrevivência. Tinham ao seu dispor diversas moléculas, elementares e compostas, que assimilavam como fonte de matérias-primas para os seus processos bioquímicos. A energia geotérmica de um planeta geologicamente ainda muito ativo, deveria catapultar uma grande variedade de compostos inorgânicos e orgânicos que alimentavam inúmeras formas de vida celular, muitas delas verificando-se inviáveis na árdua competição. O campo eletromagnético terrestre protegia (e protege) as formas vivas de muita radiação cósmica letal. Entretanto, a atmosfera do planeta inicialmente redutora, aumentava a sua concentração em oxigénio molecular, produto de excreção ("lixo" molecular) de bactérias, as cianobactérias, que tinham conseguido utilizar a energia solar em reações fotoquímicas para, a partir dos abundantes dióxido de carbono e água, sintetizarem os seus próprios blocos de construção e assim ganharem "uma independência" vantajosa na competição unicelular por "alimento". Para além disso, o oxigénio molecular que as cianobactérias excretavam para o meio ambiente, revelava-se, para as outras células, uma substância altamente perigosa e destruidora. Ionizado quer pela radiação ultravioleta solar, quer por reações químicas intracelulares, o oxigénio oxidava os componentes celulares alterando-lhes a forma e função. Neste momento crítico da evolução da vida no nosso planeta, a poluição causada pelas cianobactérias, na forma de oxigénio, modelou o futuro. O caráter oxidante e electrofílico do oxigénio progressivamente difundido pelo planeta (o oxigénio é um gás nas condições de pressão e temperatura que se pensa terem existido nos últimos milhões de anos na Terra), pressionou evolutivamente a sobrevivência daquelas células para que lhe adquirissem tolerância (ditas hoje aeróbias tolerantes) e/ou que dele tirassem algum proveito (aeróbias).

De entre elas, hoje sabemos, a partir de estudos sobre os ácidos nucleicos, ADN (ácido desoxirribonucleico) e ARN (ácido ribonucleico), que existiram umas bactérias ancestrais das que hoje designamos por alfa-proteobactérias, que apresentam a capacidade de utilizar o poder oxidante do oxigénio e fazer dele a força motriz para a produção de energia bioquímica[5].

Análises comparadas dos ácidos nucleicos presentes nas mitocôndrias comprovam que estes organelos, das nossas células eucarióticas, descendem daquela linhagem bacteriana. Isto suporta a hipótese endossinbiótica, da bióloga norte-americana L. Margulis (formulada em 1981), para a incorporação de precursores da mitocôndria[6] no interior das formas ancestrais das nossas atuais células eucarióticas. Repare na vantagem competitiva desta associação primordial: o antepassado do atual organelo mitocondrial, não só reduzia o perigoso oxigénio como fornecia à célula "hospedeira" uma substancial quantidade da tal moeda energética bioquímica de que já falámos: o ATP. Em troca, a ancestral célula eucariótica conferia proteção contra predadores celulares ao seu "interessante" hóspede e inundava-o de matéria-prima derivada de açúcares, estes produzidos ou sendo constituintes de cianobactérias assim como de outros seres unicelulares potencialmente sujeitos a predação (mais em rigor poderíamos dizer endocitados, ou melhor ainda, fagocitados).

Progressivamente, esta relação de cooperação foi sendo afinada no sentido de uma maior eficiência com benefícios mútuos.

Contudo, isto foi conseguido à custa da perda das identidades originais. É que hoje não conseguimos definir uma célula eucariótica sem nos referirmos à condição de possuírem mitocôndrias, nem conseguimos encontrar mitocôndrias "naturalmente livres". Esta incorporação das identidades primevas ocorreu profunda e intrinsecamente. Hoje verificamos, que alguns dos genes inicialmente pertença do ancestral mitocondrial foram incorporados no genoma nuclear da célula eucariótica. Isto significa, num exemplo muito interessante, que cerca de uma dezena das proteínas que formam os quatro complexos da cadeia respiratória mitocondrial (a tal que utiliza o oxigénio como recetor final de eletrões) são codificadas por genes que se encontram nos cromossomas nucleares! Ou seja, a mitocôndria não consegue "montar" sozinha a "sua" cadeia respiratória!

E vice-versa. Sabemos hoje que a mitocôndria é um organelo muito sensível ao estado de saúde e à funcionalidade da célula estando envolvida no desencadear dum processo de morte celular programada conhecido por apoptose (é também por apoptose que se formam as fendas que dão origem à abertura da boca, dos olhos, narinas, etc.).

O seu papel chave na bioenergética celular e na determinação do "fado" celular exige uma elevada estabilidade genómica entre o cromossoma circular mitocondrial e os 46 cromossomas nucleares da célula eucariótica humana. Pode ser este um dos fatores que impõem a destruição seletiva pelo óvulo das mitocôndrias presentes no espermatozoide aquando da fecundação. O resultado final é o de herdarmos só do lado materno todas as mitocôndrias que possuímos e, portanto, a capacidade de respirarmos oxigénio!

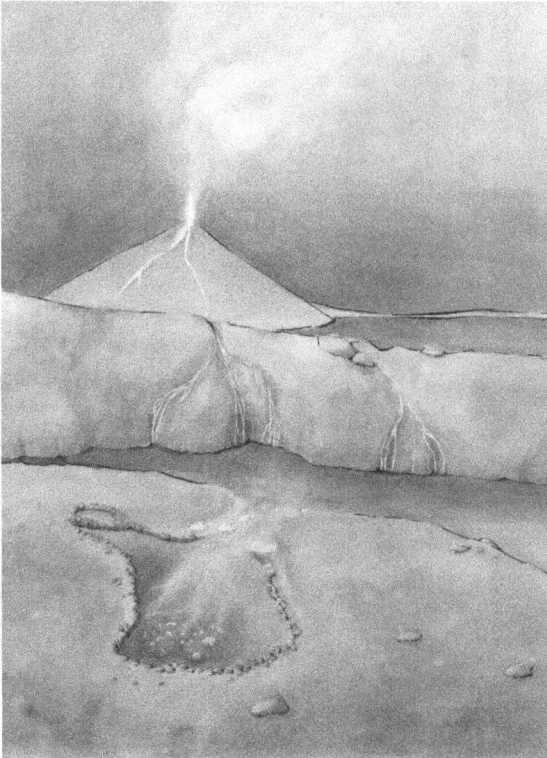

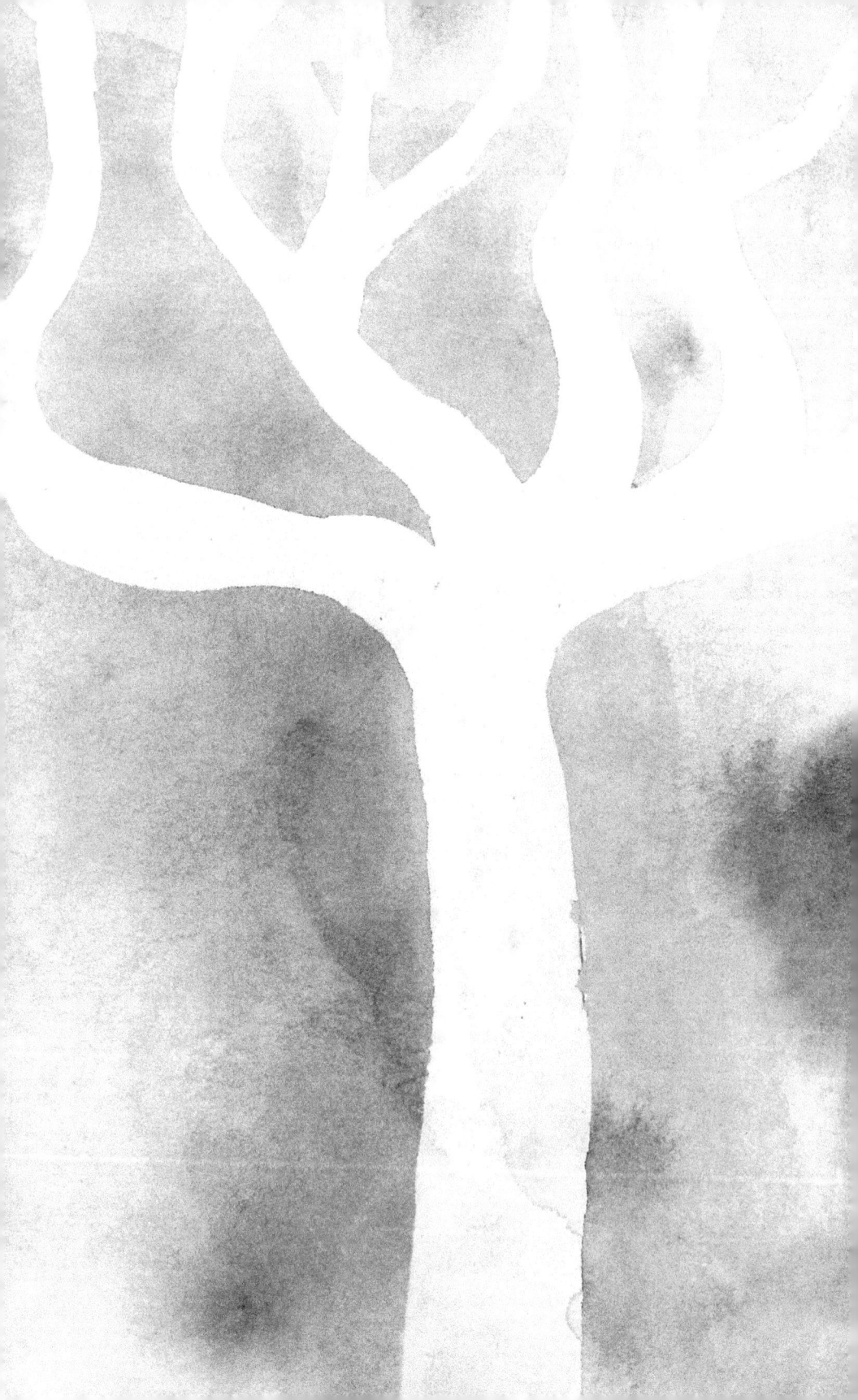

A Herança Genética de Eva

Eva é uma criança de cinco anos que sofre de síndrome de Leigh, uma doença rara que ataca o sistema nervoso central, interferindo gravemente no seu desenvolvimento cognitivo e controlo motor.

Eva herdou esta desordem do lado materno. A sua bisavó também sofreu, enquanto criança, mas conseguiu recuperar até à adolescência. Para identificar a causa genética da doença de Eva e para desenvolver uma terapia a ela ajustada, foram efetuadas a ela, à sua mãe e irmãos, análises bioquímicas e genéticas. Contudo, as análises aos genes do seu ADN nuclear e ao dos seus familiares diretos revelaram-se infrutíferas na identificação da anomalia hereditária. E porquê? Porque o problema não residia no ADN dos cromossomas nucleares herdados da sua mãe (e também do seu pai), mas sim no ADN dos cromossomas circulares existente nas suas mitocôndrias.

A mitocôndria é um dos organelos mais importantes que existem dentro das nossas células. São autênticas centrais energéticas responsáveis pela última e mais eficiente transformação dos nutrientes energéticos que ingerimos, transferindo a energia que eles contêm para uma moeda franca em forma química, o ATP, utilizável em qualquer processo celular que precise de energia: pensar, correr, amar. Possui numa das suas membranas, a interna, uma cadeia complexa de metalo-proteínas que transportam eletrões até ao oxigénio molecular que respiramos, num processo que envolve a bombagem de iões hidrogénio de um compartimento para outro, gerando assim a força motriz para a síntese de ATP. A propósito, refira-se que as semelhanças com as atuais células de combustível (hidrogénio) são impressionantes!

Quando alguma coisa causa um mau funcionamento da mitocôndria, isso vai repercutir-se em instabilidade celular de que pode advir doença do organismo.

A mitocôndria possui os seus próprios genes num cromossoma circular do qual alberga várias cópias. Os genes codificam o manual de instruções de algumas das

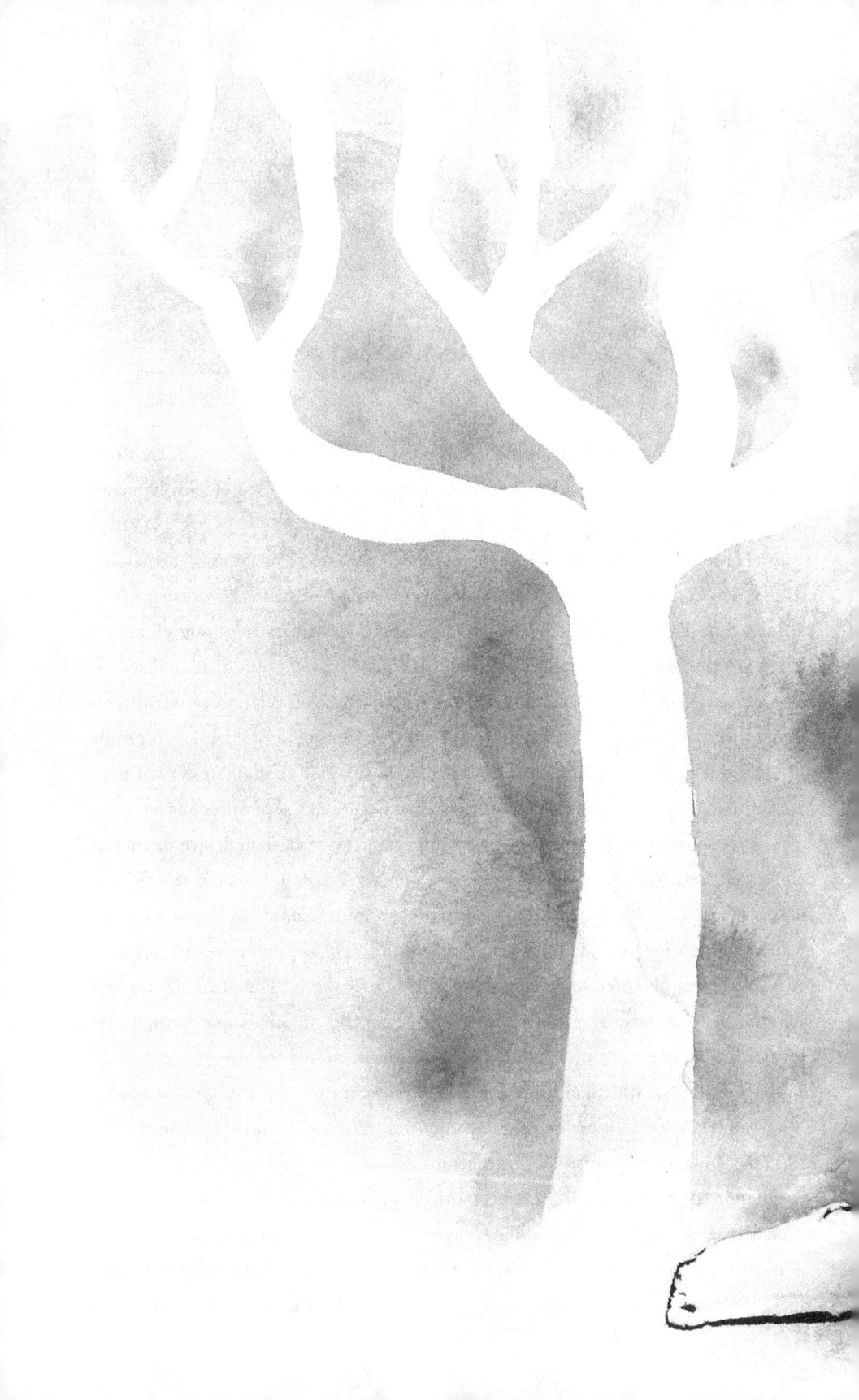

proteínas de que ela "precisa" para funcionar. Curiosamente muitas das outras proteínas que a compõem, estão codificadas não neste cromossoma mitocondrial, mas nos cromossomas nucleares da célula. Ou seja, não temos só informação genética nos 46 cromossomas que herdamos dos nossos progenitores (23 do pai, 23 da mãe), mas também no cromossoma circular mitocondrial. Mas, herdamos mitocôndrias só da nossa mãe. As mitocôndrias que existem nos espermatozoides, geradoras da energia necessária para que eles atinjam o óvulo (oócito II, para ser mais preciso) e o fecundem, são seletivamente destruídas pelo óvulo uma vez nele interiorizadas. Resumindo, de geração em geração a linhagem do ADN mitocondrial é quase 100% materna.

Ora, foi através do estudo comparado da sequência deste ADN mitocondrial, em várias populações humanas e outras espécies de hominídeos, que foi identificada, em 1986, a Eva mitocondrial (a nossa mãe primeva), ou seja, o ancestral comum mais recente por via materna, de todos os seres humanos atuais, que terá vivido em África há cerca de 150 mil anos[7].

Note-se que esta Eva mitocondrial é do género *Homo* e não corresponde ao fóssil com 3,2 milhões de anos batizado por *"Lucy"*, descoberto na Etiópia em 1974 e que é do género *Austrolopithecus*.

Neste contexto, refira-se que foi também através da análise e comparação do ADN mitocondrial extraído de uma falangeta fossilizada e encontrada em 2009, numa gruta na Sibéria, que foi possível identificar uma terceira subespécie humana, ao que tudo indica, contemporânea do *H. sapiens sapiens* e do *H. sapiens neanderthalensis*: o Homem de Denisova[8].

Como as nossas, as mitocôndrias de Denisova também descendem da Eva mitocondrial.

De *Neandertal* Todos Temos Um Pouco

Em agosto de 1856, no pequeno vale de Neander, na Alemanha, são encontrados, por mineiros numa gruta, ossos de um esqueleto de um "*homem antigo*" batizado como *Neandertal 1*. Três anos depois, em 1859, é publicada a obra "*A Origem das Espécies*", de Charles Darwin.

Quase meio século após, ao fim da tarde de 8 de novembro de 1895, o físico alemão W. C. Röntgen (1845 – 1923) conseguiu fazer, pela primeira vez, uma emissão controlada de uma radiação eletromagnética que ele temporariamente batizou por radiação X, uma vez que não sabia de que tipo de radiação se tratava. A designação raios X propagou-se século XX adentro e todos hoje entendemos a importância e a utilidade dessa descoberta. É quase óbvio no que à Medicina diz respeito para o diagnóstico auxiliar, mas também é muito útil nas Ciências dos Materiais na análise estrutural fina da microestrutura de ligas metálicas, por exemplo.

O uso dos raios X, principalmente o registo e interpretação dos padrões resultantes da sua difração ao atravessar estruturas cristalinas (devemos muito deste trabalho teórico ao físico-químico britânico W.H. Bragg), permitiu desvendar a estrutura tridimensional de moléculas biológicas, das quais talvez a mais famosa seja o ADN (Watson, Crick, Franklin, Wilkinson, 1953). A resolução da estrutura permitiu perceber que a forma desta biomolécula está intrinsecamente associada à sua função biológica. A estrutura em duas fitas helicoidais homólogas, conectadas por pares de bases complementares (Adenina:Timina, Guanina:Citosina), permite não só a sua cópia fiel durante a divisão celular, como também a deteção de erros, mutações pontuais, por maquinaria proteica específica. De não menos importância é o facto de este arranjo tridimensional garantir a conservação da informação genética herdada de ancestrais longínquos, talvez desde as primeiras células há cerca de 3600 milhões de anos. Daí que a descodificação dos genes inscritos no ADN, para além de nos

permitir perceber melhor como é que os organismos se desenvolvem e interagem com o meio envolvente, constitui uma poderosa ferramenta de identificação de graus de parentesco entre espécies contemporâneas, mas também abre uma janela no registo cronológico das relações genealógicas (filogenéticas, para ser mais preciso) entre espécies que existiram num passado distante.

O livro da vida (o genoma) não é só um manual de instruções que permite à célula, ou ao organismo, construir-se e manter-se vivo, com mais ou menos saúde. Está também nele inscrita a história dos nossos antepassados, a aventura dos nossos genes.

As biotecnologias potenciadas pela descoberta da estrutura tridimensional de biomoléculas, e o entendimento de que a sua forma determina a sua função, espoletou um sólido conjunto de técnicas de biologia molecular no último quartel do século XX, como seja a da Reação em Cadeia da Polimerase (PCR, em inglês), que permite amplificar amostras vestigiais de ADNs até à quantidade necessária para as analisar com confiança e em laboratórios independentes.

A descodificação do genoma humano, em 2002, foi sem dúvida um grande marco. A compreensão de como os cerca de 30 mil genes funcionam ainda está em curso, mas trará muitas aplicações concretas para a saúde, para uma medicina ajustada a cada um.

A cartografia genómica de outros primatas que se seguiu, veio permitir confirmar relações de parentesco mais ou menos afastadas com outros hominídeos, presentes e passados, e também colocar novas questões, como é próprio do método científico. Por exemplo, esta antropologia crono-molecular tem permitido confirmar trilhos de migrações milenares dos nossos antepassados hominídeos. Paralelamente, o apuramento das técnicas de genética molecular, as melhorias substanciais nas boas práticas laboratoriais que asseguram, com muita confiança e reprodutibilidade, a eliminação de possíveis contaminações, com microrganismos ou mesmo com o ADN dos investigadores atuais, das amostras de ossos fossilizados a analisar, começa a dar os seus frutos. Em 2009 soubemos que terá coexistido um terceiro hominídeo juntamente ao *H. sapiens sapiens* e ao *H. sapiens neanderthalensis:* o Homem de Denisova.

A equipa liderada por Svante Pääbo, do Max Planck Institut de Leipzig, Alemanha, que conduziu o estudo do ADN mitocondrial da falangeta fossilizada de Denisova[9], publicou na edição de 7 de maio de 2010 da revista *Science*[10] a sequenciação anunciada e ansiada do genoma do *H. sapiens neanderthalensis*. A partir de 21 ossos de espécimes de Neandertais, encontrados na caverna croata de Vindija, o estudo publicado mostra que os humanos modernos partilham genes com os Neandertais.

Ou seja, significa que o cruzamento entre as duas subespécies foi possível e pode ter deixado descendência fértil.

Afinal, a criança do Lapedo[11] pode mesmo ter sido o resultado do cruzamento entre um(a) *Neandertal* e um(a) *Sapiens* contemporâneos e pré-lusitanos.

E de *Neandertal* todos temos um pouco (entre 1 a 4% dos genes). O que é que esses genes fazem? O tempo e o conhecimento nos dirão.

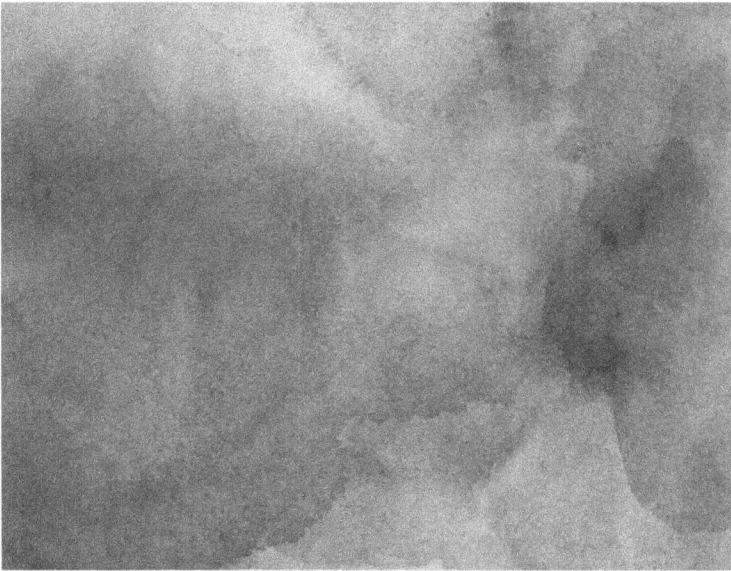

Dores na Coluna? E os Genes, Não Ajudam?

Ouvi o Professor Doutor Arsélio Pato de Carvalho dizer, em tom mesclado com alguma provocação, que as dores não têm realidade física, não existem *per si*. Ou seja, não são um objeto ou corpo que se possa apalpar, remover com uma pinça. A dor é antes uma experiência sensorial, um outro sentido dedicado ao alarme de algo que está a interferir com o nosso estado de saúde. É algo que *"arde e não se sente"*, como qualificou Camões a uma dor em particular.

Se cada dor tem uma causa, ela é mais um aviso, uma mensagem mais ou menos declarada, por vezes insuportável como se mil vozes gritassem em babel dentro da nossa cabeça. Mas, enquanto entidade física a dor não é tangível e muito subjetivamente mensurável.

Todos sabemos que a capacidade em suportar a dor varia, e muito, de pessoa para pessoa. De certa forma, depende da história de cada um e, com certeza, da sua "estrutura" nervosa. Uma rede fina de terminações nervosas é dedicada a detetar inúmeras sensações ligadas ao que chamamos dor (mas não só). E essa rede é parte integrante, não só da pele que nos recobre, mas também de películas que envolvem órgãos e tecidos nosso corpo adentro. Reagem a diferenças de temperatura, pressão mecânica, concentrações de sais, ácidos e bases, luz, etc., e enviam essa informação para o cérebro, a maior parte via medula espinal, esse grande aqueduto de informação nervosa que flui por ela, vinda de todas as partes do nosso corpo a uma velocidade de cerca de dez metros por segundo! O cérebro processa e integra a informação recebida, identifica a zona emissora da mensagem e procede de acordo com o plano, finamente ajustado pela seleção natural ao longo de milhões de anos: gritamos de dor, avisamos os outros de que estamos em perigo, chamamos por ajuda, sofremos estoica, racional e emotivamente e contornamos o sinal de aviso que é a dor, ou desmaiamos por não conseguirmos

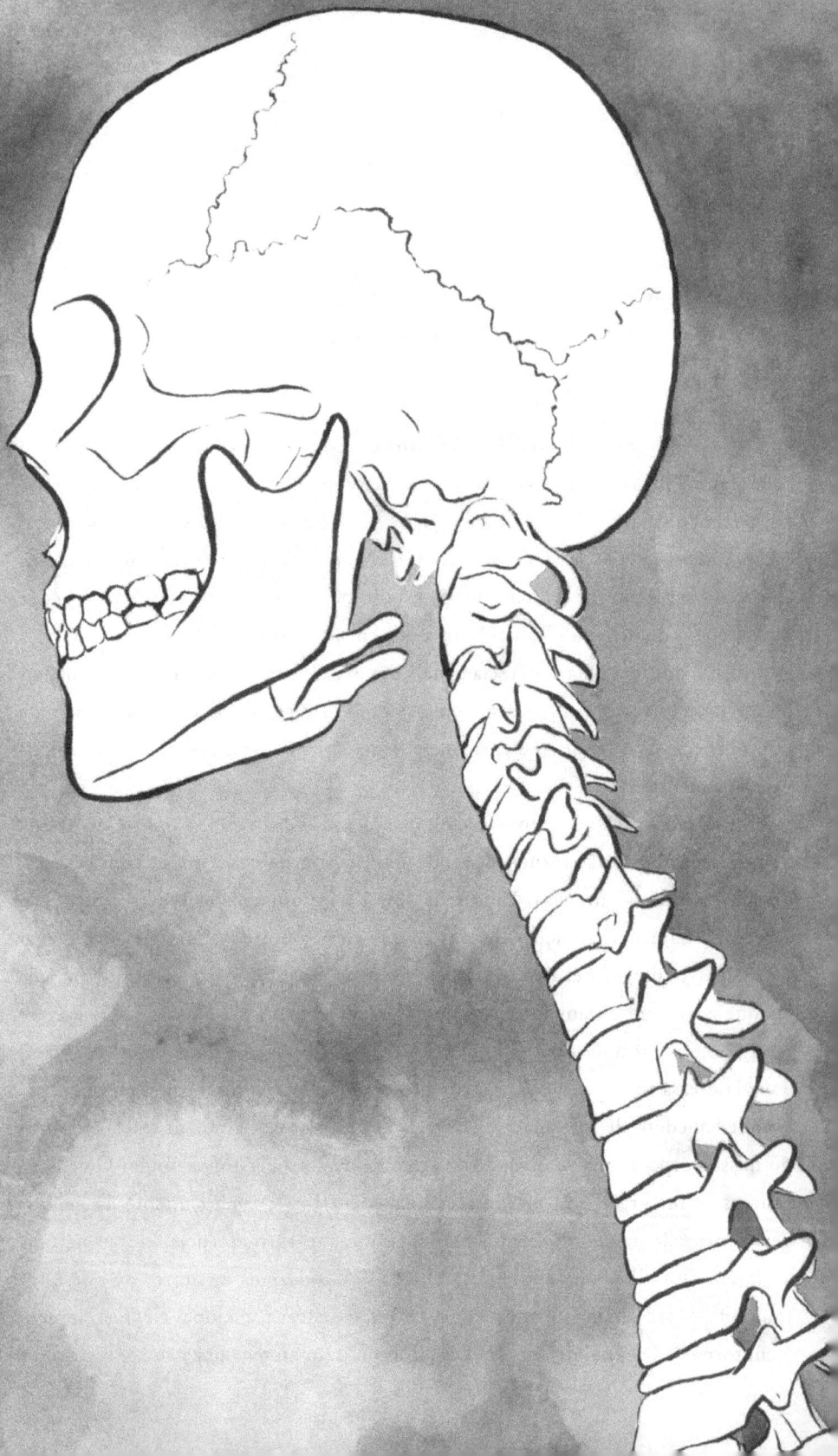

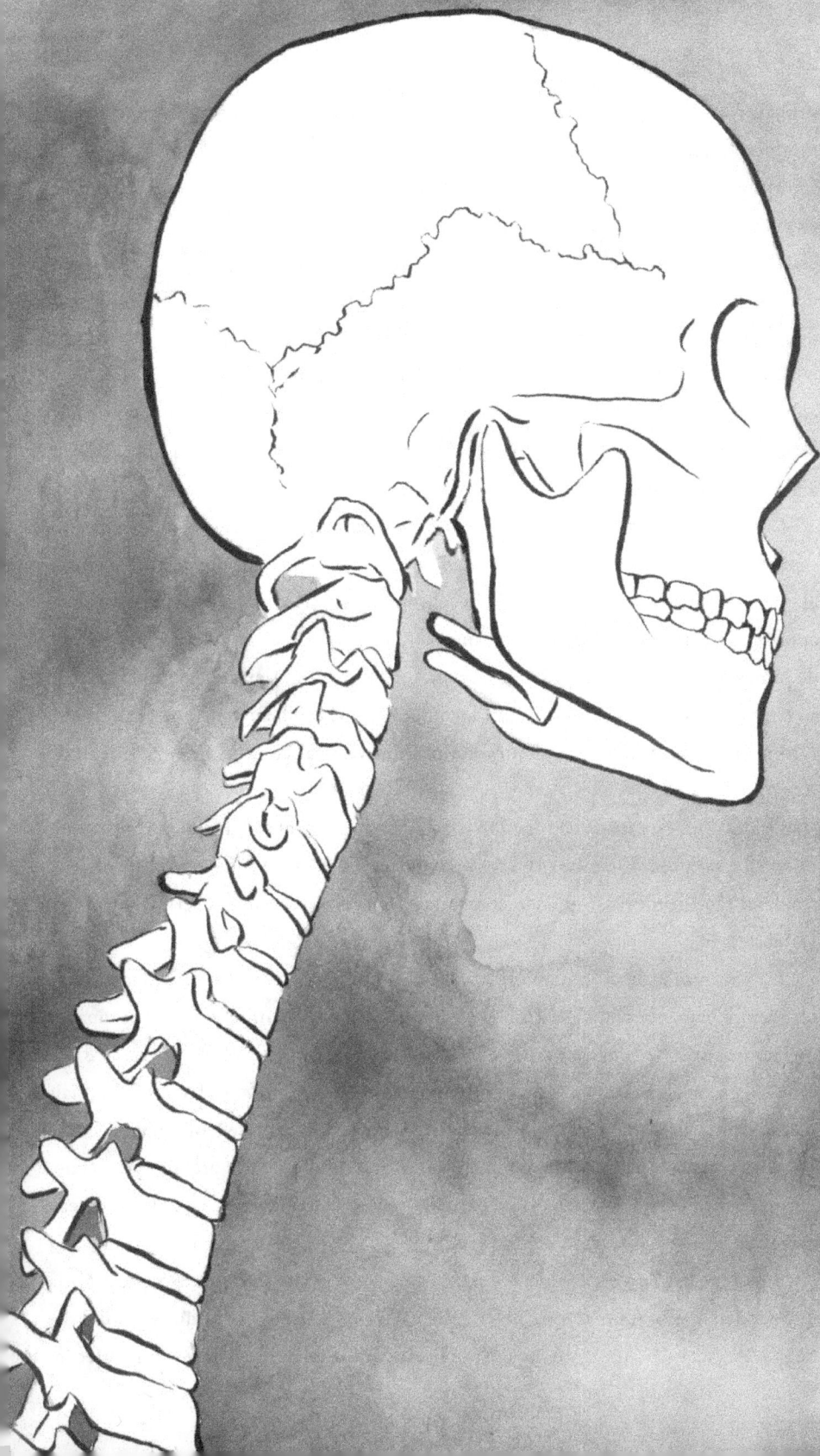

suportar a intensidade da informação que diz estarmos gravemente feridos ou mesmo em perigo de vida.

Muito do processamento dessas informações é efetuado só, e localmente, ao nível da medula espinal, poupando ou permitindo que o encéfalo se ocupe com outros afazeres, diríamos que mais cognitivos. Alguém pode estar a pisar-nos e nós nem darmos por isso, porque o nosso cérebro está absorto numa paisagem bela, ou num qualquer outro estímulo captador de atenção privilegiada à dor. Daí a importância em ter uma estrutura de processamento neuronal próxima da maior parte do corpo, com inúmeras saídas e entradas para uma maior eficácia e rapidez no processamento do sinal de dor periférica. Só chega ao cérebro se for mesmo necessária uma resposta à altura das circunstâncias.

Como nos movemos com grande amplitude e variedade de movimentos, a medula espinal, longitudinal a todo o corpo, tem de estar protegida por uma estrutura óssea ela própria ajustada a essa mobilidade. As vértebras, os discos intervertebrais e as apófises articulares cumprem essas funções. Protegem delicadamente a autoestrada de informação nervosa de agressões e criam uma estrutura, flexível quanto baste, não só para os movimentos necessários à locomoção, mas também ao suporte do crânio. Não menos importante, permitem uma postura vertical como é o caso conseguido na nossa espécie.

Os detalhes estruturais e funcionais da coluna vertebral são de uma beleza arquitetónica espantosa. Os tubos flexíveis das nossas canalizações e outras engenharias similares são "primitivas" quando comparadas com a funcionalidade eficaz da coluna vertebral.

E a natureza utilizou e adaptou o "conceito" inúmeras vezes. Os investigadores da taxonomia bem sabem disso e desde cedo muitos seres vivos animais foram agrupados na mesma "gaveta" filogenética do filo *Chordata,* sub-filo *Vertebrata* (Cuvier, 1812). Ou seja, animais que apresentam um tubo nervoso dorsal (*cordata*), fendas branquiais e uma cauda pós-anal, em pelo menos uma etapa do seu desenvolvimento, e que possuem uma coluna vertebral e um crânio (*vertebrata*) que lhes protege o encéfalo. Dito de outra forma, possuem uma parte do seu esqueleto especializada na proteção do precioso sistema nervoso central e periférico.

E quando esta proteção operacionalmente flexível falha? Neste caso, ela própria desencadeia e dispara o alarme DOR. Partes por isso responsáveis do cérebro recebem a "notícia" de que a medula espinal está eventualmente a sofrer uma afeção.

Dada a importância desta parte do sistema nervoso central, o alarme é intenso e as dores no registo do insuportável.

Como se disse atrás, a perceção da dor é muito subjetiva, pois depende muito da individualidade genética e das especiarias com que cada indivíduo foi moldando o seu desenvolvimento e envelhecimento. E há nisto muita filogenia genética e molecular.

Descobertas recentes na embriologia têm demonstrado a importância decisiva da ativação de determinados genes em etapas bem determinadas do desenvolvimento do embrião e, também muito importante, o momento em que a sua ativação se efetua em zonas específicas.

A sinfonia da diferenciação celular que nos desabrocha em seres complexos, tem uma orquestração muito bem definida. Os vários instrumentos de cada naipe só tocam a sua parte no preciso momento e em conformidade com as instruções do seu genoma concomitantemente modelado pelas condições ambientais (no caso do embrião é o ambiente intrauterino que importa).

A descoberta publicada pelas investigadoras portuguesas Tânia Resende, Isabel Palmeirim e colegas[12], vem mostrar o papel determinante de um gene, o shh (*sonic hedgehog homolog*), muito ativo durante as primeiras semanas da gestação embrionária e determinante da futura saúde e robustez funcional da coluna vertebral do futuro adulto. É uma espécie de relojoeiro da formação das vértebras ao longo do tubo neural, futura medula espinal, albergue de longas e presentes dores...

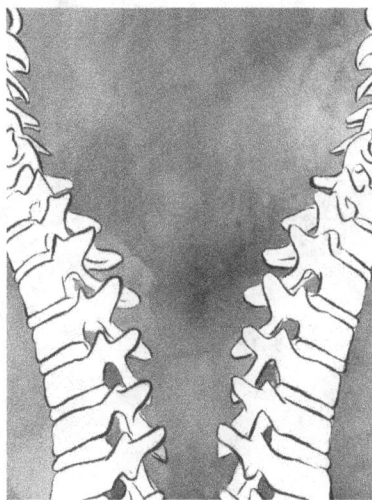

Tinham-se passado vinte dias desde que a mãe da Ti Alzira engravidara. Para além de uma estranha nostalgia, antecipação do feitio da filha, a mãe não sabia que transportava dentro de si uma semente de mulher valente, caráter vertical invejável, mas fraca das costas, um cabo de tormentos inenarráveis.

A futura Ti Alzira, aninhada no útero materno, tinha então uns diminutos dois milímetros, medida essa hoje descartável em comparação com os seus atuais 1710 milímetros estendidos. Sim, porque as dores cortantes e desafinadas nas costas, melhor, naquela mísera coluna, a encolhem para a altura do cabo (ainda alto) da sua inseparável vassoura.

Naqueles momentos mágicos do seu tempo embrionário, já se encorpava uma extremidade mais globular (futura cabeça) e outra mais embicada (fundo das costas...). Entre estas extremidades já se alinhavava o tubo neural, ainda notocorda, futura centralidade da medula espinal. Fileiras de células de origem mesodérmica ladeavam o sulco de sensações e preocupações futuras. Em lugar determinado pela densidade de condimentos proteicos e acídicos, algumas dessas células avolumavam-se em ares vertebrais. Sim, dois pares de agregados de células mesenquimais designados por somitos são ainda projetos de vértebras lombares, aí por essa altura do "lombo" da Ti Alzira.

Ao longo e ao redor do tubo neural, varia o gradiente (diferença na concentração) de diversas biomoléculas que dão corda ao relógio das decisões biomoleculares, torneadoras das abóbadas vertebrais. Uma delas, a proteína Shh (S de **S**onic; hh de **h**edgehog **h**omolog – homólogo de ouriço-cacheiro), está mais concentrada na extremidade caudal, enquanto outras, como as Wnt, se mobilizam mais a nível cervical. Estas diferenças, que variam suave e continuamente ao longo da futura coluna vertebral, decidem para onde e quando imigrará cada célula mesenquimal embrionária

dos somitos para concretizar a futura herança óssea, cartilaginosa e muscular do elemento vertebral.

A precisão micrométrica da diferenciação advém da natureza nanométrica dos implacáveis decisores biomoleculares. Qualquer perturbação (por exemplo, chuva alcoólica!) nestas concentrações e, num piscar de olho, a futura vértebra ficará minimamente desalinhada. Esse evento, mesmo que único, poderá determinar que a futura coluna, no seu esforço e desgaste diário, comece a ceder por ali. Minimamente desviada por um jeito malfadado, pressiona o conteúdo neuronal da medula espinal e... dores, muitas dores e outras antecipadas no córtex cerebral, cinzelam o amanhã dorido da Ti Alzira, qual ouriço-cacheiro por ali entranhado.

Ainda por cima, dos somitos também se diferenciarão as células para as costelas e de toda a musculatura lisa ligada, de uma ou outra forma, a elas e à coluna. Por exemplo, à respiração. Quantas vezes a Ti Alzira ficou como que sem respirar, por causa de uma dor nas costas?!

Mas o que é que determina esse gradiente gelatinado de Shh, Wnt e outras biomoléculas? Os genes. Sim, no caso da proteína Shh, uma das sinalizadoras do relógio embrionário, é o gene shh, localizado no braço maior do cromossoma 7[13]. A sua diferente atividade ao longo de cada uma das células mesenquimais a ladear o tubo neural causará uma síntese maior ou menor da proteína com o mesmo nome. Esta gradação da expressão genética determina o gradiente de proteína sinalizadora correspondente.

As investigadoras portuguesas das Universidades do Minho e do Algarve, mencionadas no texto anterior, descobriram esta relação entre a atividade do gene shh e a coordenação espácio-temporal da formação embrionária das vértebras. Verificaram que a sua falta pode fazer retardar o início da "obra" em nove horas! Que desalinhamento, que dores futuras. Mas também identificaram que uma outra molécula, o ácido retinóico, pode recuperar o atraso, caso esteja nas redondezas do desalinho[12].

O desenvolvimento embrionário é fascinante. No "planeta" amniótico, o embrião, resultado da divisão, por um número de vezes preciso, de uma única célula (o ovo ou zigoto), tem uma polaridade magnificente na noite uterina. Esta polaridade é determinada por gradientes de concentração de uma miríade de ARN mensageiros, ARN inibidores, ARN de transferência, proteínas, lípidos, glícidos, sais, ácidos, iões, oligoelementos, etc. Em algumas zonas do embrião algumas daquelas substâncias estão em maior concentração. Noutras zonas serão outras as substâncias que marcam e sinalizam a diferença, não só no mar interior celular (citoplasma), mas também no espaço intersticial das "costas" celulares (a superfície celular). Há um intenso tráfego de moléculas e elementos ionizados que, ao se difundirem nos "rios que banham" as células, interagem com biomoléculas a eles sensíveis que se encontram na superfície externa das membranas celulares e que funcionam como antenas recetoras de mensagens extracelulares.

A mensagem, *"agora é preciso que te diferencies numa célula de uma futura vértebra"*, chega com uma maré de mensageiros bioquímicos sincronizada pelos relógios moleculares que hoje sabemos existirem no desenvolvimento embrionário (e pela vida/morte fora). De facto, as investigadoras portuguesas (lideradas por Isabel Palmeirim) de quem temos vindo a falar, identificaram um desses relógios que marcam o passo do desenvolvimento vertebral, respondendo às oscilações nas concentrações da proteína Shh[12].

E é assim por todo o lado do embrião. Vagas de marés que valsam notícias biomoleculares, banham células em zonas diferentes do embrião, permitindo que os futuros tecidos e órgãos se desenvolvam de forma cooperativa, sincronizada, respeitando a finalidade do todo que é o organismo[14].

Mesmo que o plano seja "só" o de executar um projeto (inscrito no genoma) de organismo que sobreviva, devido a um fenotipo bioquímico ajustado às circunstâncias

envolventes, para conseguir transmitir os seus genes ao maior número de descendentes férteis. Mas as dores, se presentes, são descartáveis neste plano. A natureza é, também nisto, implacável!

Muito longe de nos satisfazermos só com o plano sobreviver/reproduzir, a esperança média de vida à nascença dos seres humanos que vivem no hemisfério norte tem aumentado muito nos últimos milénios. Sem estar totalmente demonstrado, há aqui e acolá evidências de um desfasamento entre os cronómetros biomoleculares e esta expansão na longevidade. Muitas das maleitas "empurradas" para idades "após reprodução" pela seleção natural, ficaram de repente nuas e expostas pela possibilidade de vivermos mais tempo. Desabrocham em choro de dores, muitas vezes orquestradas minimalistamente por modos de vida que as amplificam do resto em compassos longos e monótonos: má alimentação, muita e pouco variada poluição, pouco ou nenhum exercício, posturas incorretas, sem necessidade de lutar pela sobrevivência uma vez que tudo ou quase tudo está à disposição sem muito esforço (mesmo cognitivo).

A investigação efetuada por Isabel Palmeirim e colaboradores nos últimos 30 anos, também ela repleta de dores próprias da investigação científica (persistência na ausência de quaisquer resultados, na falta de reconhecimento, nas muitas horas em operações repetitivas e de rotina e que originam muitas dores também nas costas, etc.) é agora alumiada numa revista científica de primeiro plano internacional, o que alertou os *media* portugueses.

Contudo, o avanço no conhecimento do desenvolvimento e formação da coluna vertebral não significa resposta imediata ao apelo *"tirem-me estas dores nas costas"*. É muito importante identificarmos os agentes em causa na formação da coluna vertebral, pois isso permite-nos compreende-los e entender os mecanismos em que estão envolvidos. Mas, nem temos hoje ainda tecnologia de visualização não invasiva que permita detetar, nas primeiras semanas de gravidez, desvios perigosos nas curvas naturais da futura coluna, nem foi desenvolvida nenhuma terapia ajustável aos desvios de cada um. Eventualmente, o que se avizinha na Medicina do século XXI é o rastrear os genes agora identificados num teste genético mais prematuro.

No mínimo, isto poderá permitir a adoção de medidas e comportamentos corretivos e preventivos dos prenúncios moleculares das dores de costas assim anunciadas.

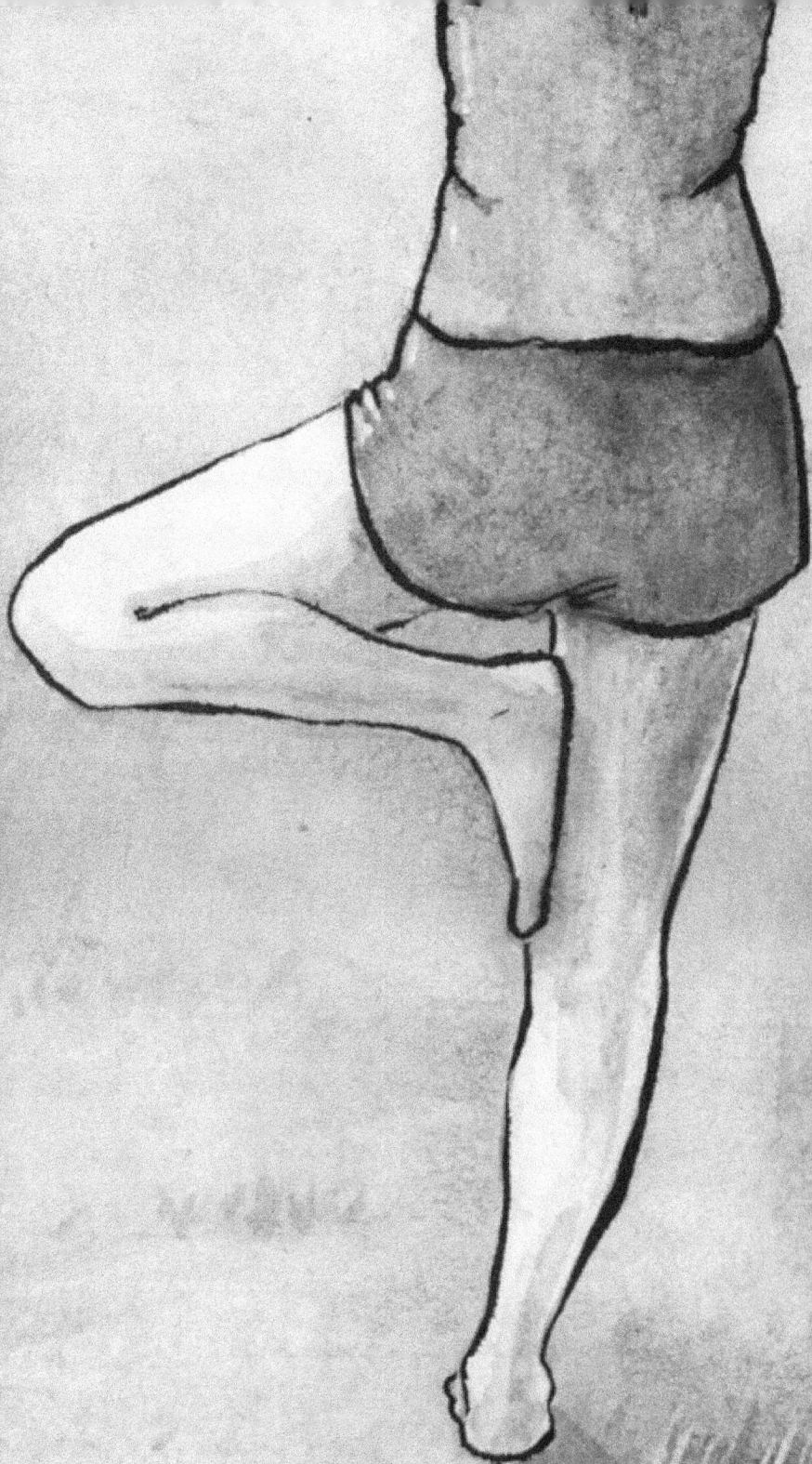

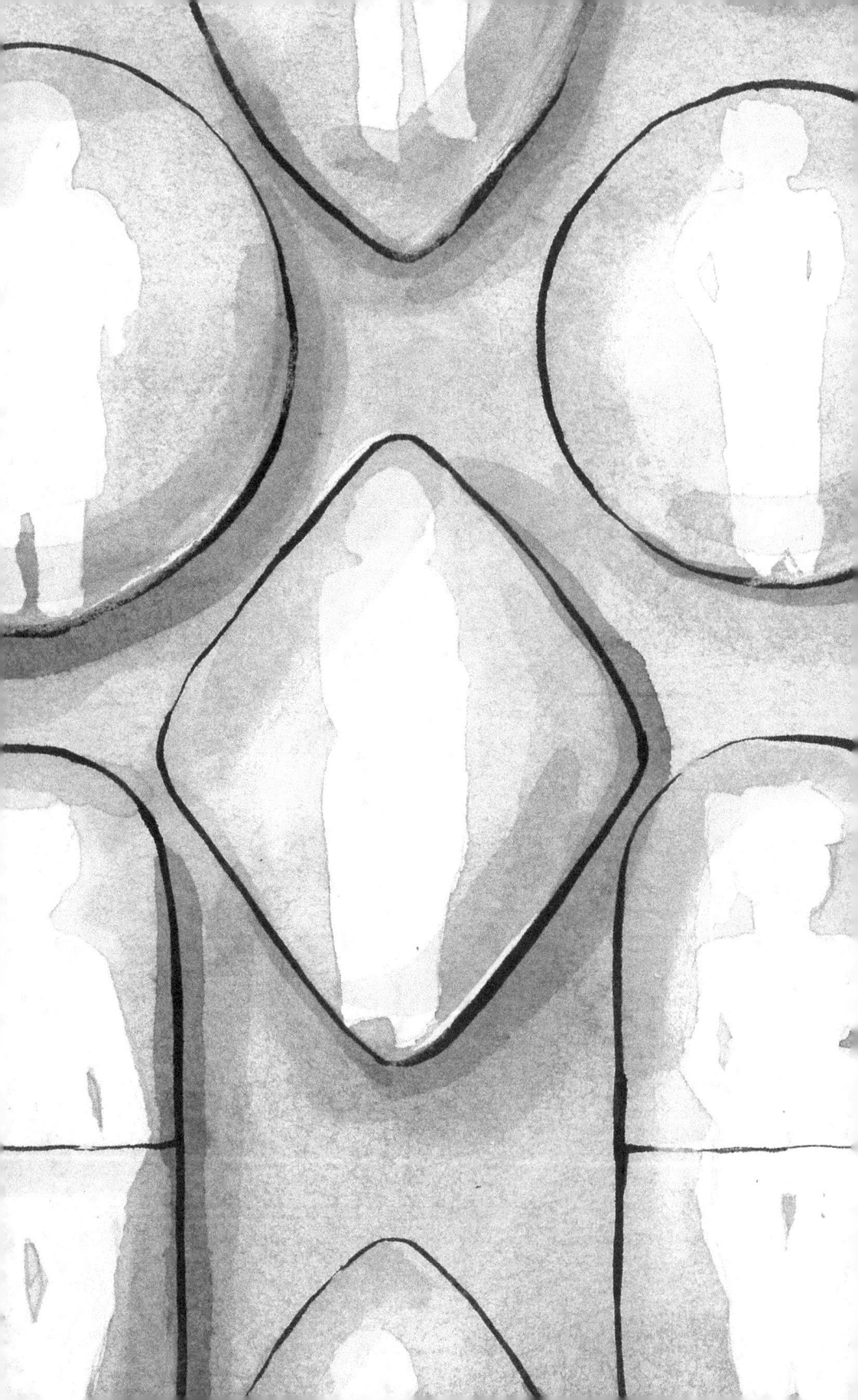

Medicina do Século XXI

A potencial aplicação de células estaminais no tratamento de leucemias foi o tema central do programa *"Falar Global"*, da SIC Notícias[15], do dia 31 de janeiro de 2010. Pelo menos nove doentes com leucemia já foram resgatados de uma morte anunciada através do uso destas células. A dificuldade em encontrar um dador de medula óssea compatível com o doente faz desta terapia celular uma última esperança para muitos. As investigações que decorrem no âmbito do programa MIT-Portugal nesta área, visam também desenvolver tecnologias de multiplicação do número de células estaminais, para ampliar os horizontes terapêuticos e, por exemplo, transformar esta doença quase sempre fatal, numa doença crónica.

Mas voltemos ao programa *"Falar Global"*, aqui em questão. A certa altura, as notas em rodapé começaram a surgir sob o título genérico *"Medicina Científica"*. O espanto instala-se e solta uma dúvida: então? A Medicina não é uma ciência? O que é que se quer dizer com a adjetivação científica à Medicina?

No século XX assistimos a avanços sem precedentes nas ciências da vida e da saúde. Com a higienização, a prevenção de doenças através da vacinação, o transplante de órgãos e tecidos, a democratização de farmacoterapias, as diversas técnicas de suporte avançado de vida, entre tantos outros desenvolvimentos, contribuíram para que em cem anos a humanidade quase duplicasse a sua longevidade média. Espantoso! Nesse percurso, a evolução do conhecimento médico ficou a dever-se, primeiramente, a investigações e práticas clínicas suportadas por dados epidemiológicos e, na segunda metade do século, a uma Medicina baseada na evidência, caracterizada por uma investigação clínica metodologicamente científica.

No último quartel do século XX assistimos a uma explosão de conhecimentos através da força motriz chamada Biologia Molecular. Na alvorada do século XXI, um dilúvio de dados sobre a natureza das interações moleculares intrínsecas à vida passou

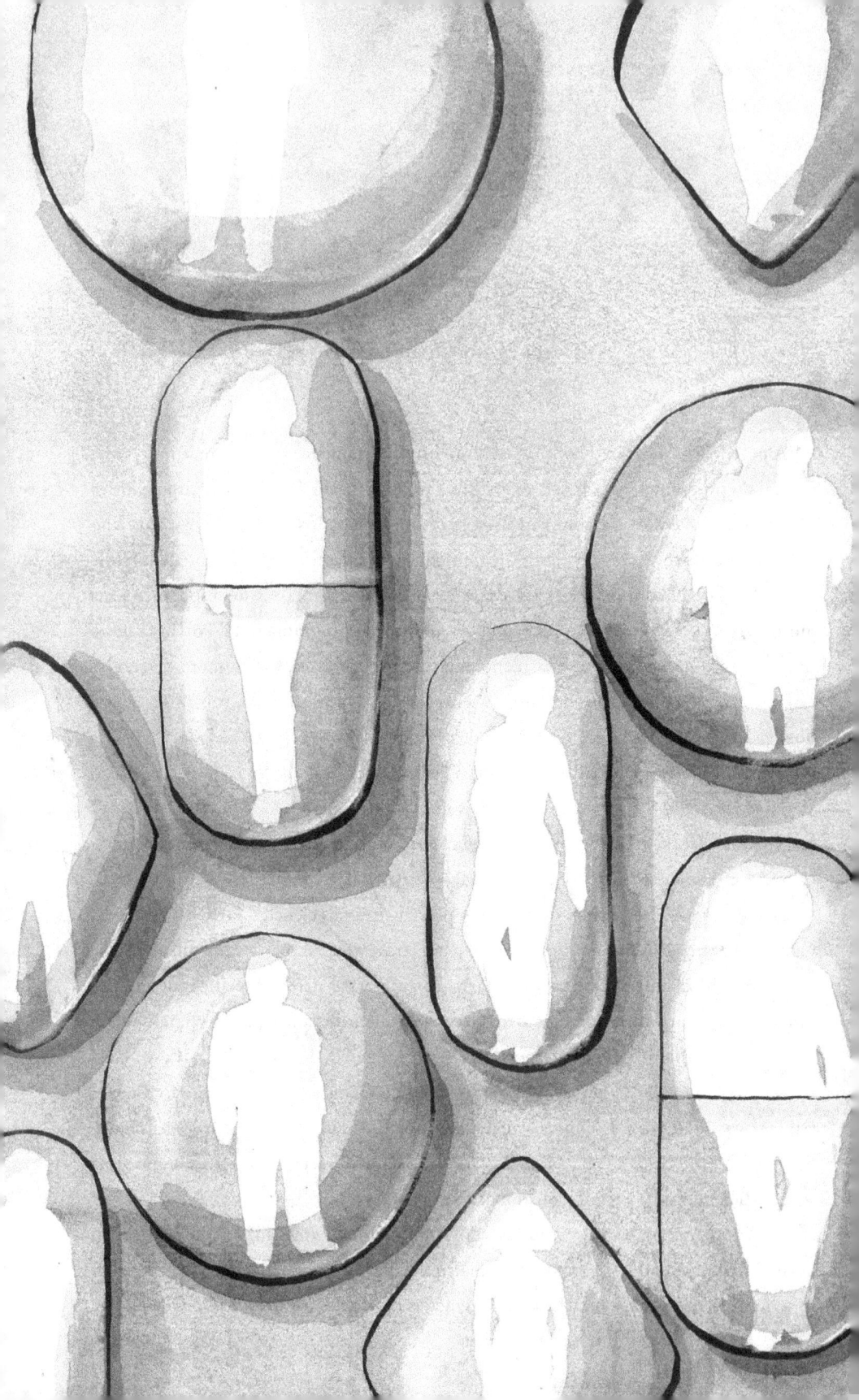

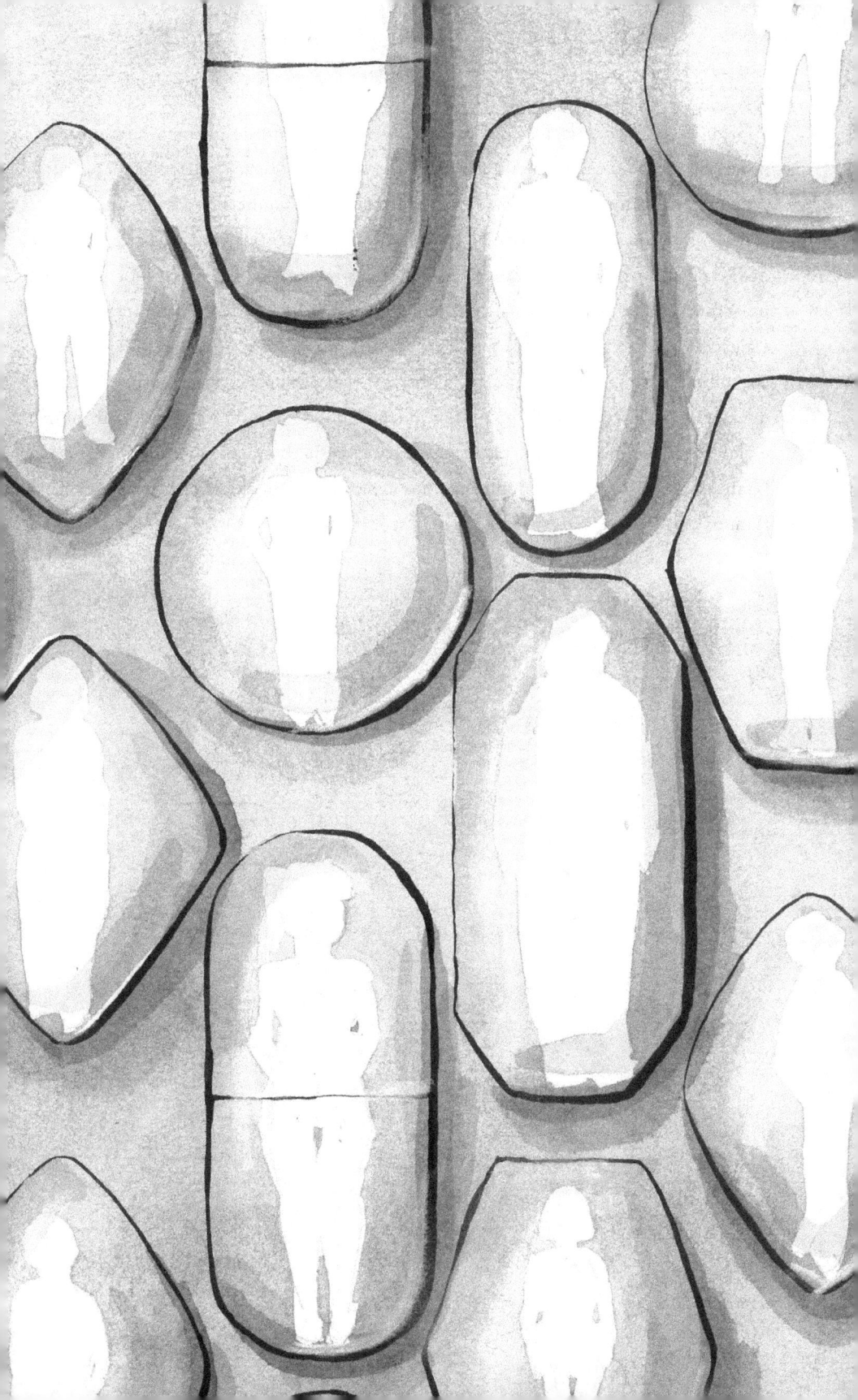

a jorrar digitalmente através da Internet. O mapeamento do genoma humano e o nascer da proteómica, preencheram muitos elos entre a origem molecular da doença e a manifestação sintomática e clínica da mesma. O conhecimento da unicidade genética de cada um fertilizou o terreno para uma terapêutica ajustada às especificidades. As entretanto estabilizadas e robustecidas técnicas laboratoriais bioanalíticas passaram a estar ao serviço da Medicina. A possibilidade de uma terapia "feita" e ajustada ao caso pessoal, sem ter de esperar 20 anos pelos resultados epidemiológicos, ou muitos anos para acumular evidências, vem dar uma renovada esperança aos doentes e à Medicina do séc. XXI. Com o lema "do laboratório à cama do paciente" e vice-versa, esta investigação clínica e a Medicina que a alberga são designadas por "translacionais"[16, 17, 18]. Compreendemos agora a que "medicina científica" se referiam os editores do *Falar Global*?

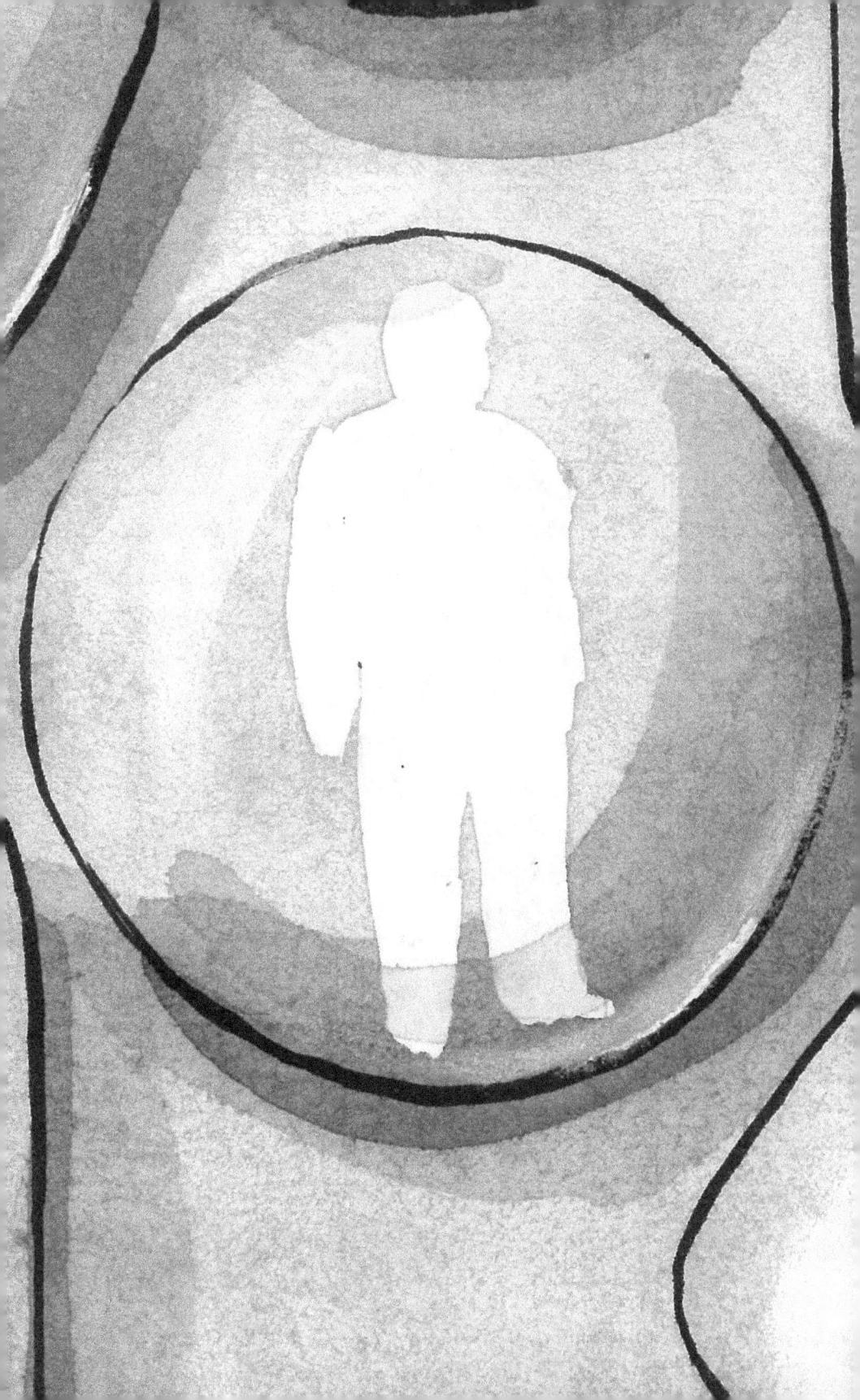

HOSPITAL VIRTUAL

O ensino à distância, ou não presencial, não é uma novidade fruto da Internet. De facto, o envio de conteúdo com objetivos pedagógicos de um emissor, normalmente um professor ou um detentor de conhecimento (sábio?), para um aprendiz, é algo muito antigo e comum à própria vida.

Muito antes de termos sido capturados pela rede da *World Wide Web* (vulgo www), já ensinávamos/aprendíamos através de navegantes ou galopantes cartas manuscritas, de livros que chegavam fumegantes em comboios vaporosos. Alguns de nós lembram-se da telescola e das aulas televisionadas da Universidade Aberta, nas quais professores utilizavam novos suportes multimédia para ensinar "hertzianamente", desde a sala de aula até ao sofá lá de casa. Também foram comuns, em tempos idos, os cursos por correspondência. Nestes, o aluno recebia por correio material que utilizava para estudar, a que se seguia o envio de um exame, por ele feito sozinho, num apelo à honestidade e probidade intelectual para o próprio avaliar se tinha aprendido.

Atualmente, a diferença substancial é a de que a *World Wide Web* veio encurtar tempos e iludir distâncias, permitindo uma interatividade quase, se não mesmo, em tempo real, entre professores e alunos afastados por quilométricas distâncias. Atualmente são inúmeras as aulas, cursos, seminários *("WebSeminars")* transmitidas em tempo real (a instantaneidade só depende da largura de banda disponível) que enchem o ciberespaço pedagógico.

Talvez este seja um dos aspetos democratizantes da *World Wide Web* no que ao acesso ao conhecimento diz respeito: disponibiliza-se conhecimento e capacidade validada pedagogicamente para o transmitir com a didática possível e ajustada a esta nova realidade, por um professor em qualquer parte instalado, e a este conhecimento têm acesso os alunos, aprendizes curiosos, interessados e ou aceites, consoante o modelo estabelecido.

Até aqui, quase nada de novo. Só foi mudando o veículo de transmissão da informação: do suor dos cavalos diligentes às sucessivas reflexões na fibra ótica transoceânica.

Mas desde que o universo cibernáutico deu "à luz" o território "bítico" conhecido por "Second Life"[19] algo tem vindo a mudar neste paradigma. Há cerca de dois -três anos, a prestigiada universidade inglesa Imperial College de Londres, mais precisamente a sua Faculdade de Medicina, começou a investir seriamente no desenvolvimento e implementação de um Hospital Universitário Virtual[20, 21], para permitir uma experiência clínica mais "intensa e envolvente", quer quantitativa, quer qualitativa, entre os futuros médicos e um infindável número de doentes virtuais, mas representantes fiéis de situações clínicas reais[22]. Numa réplica fidedigna da Faculdade de Medicina e Hospital Universitário, os estudantes (de medicina e de enfermagem) interagem com doentes virtuais em cenários que reproduzem os reais, o que lhes permite fazer uma ponte entre a experiencia virtual e a realidade física onde irão exercer medicina, com pessoas que só morrem uma vez!

Mas este não é o único hospital virtual no "Second Life" como se pode verificar em outros sítios na internet[23].

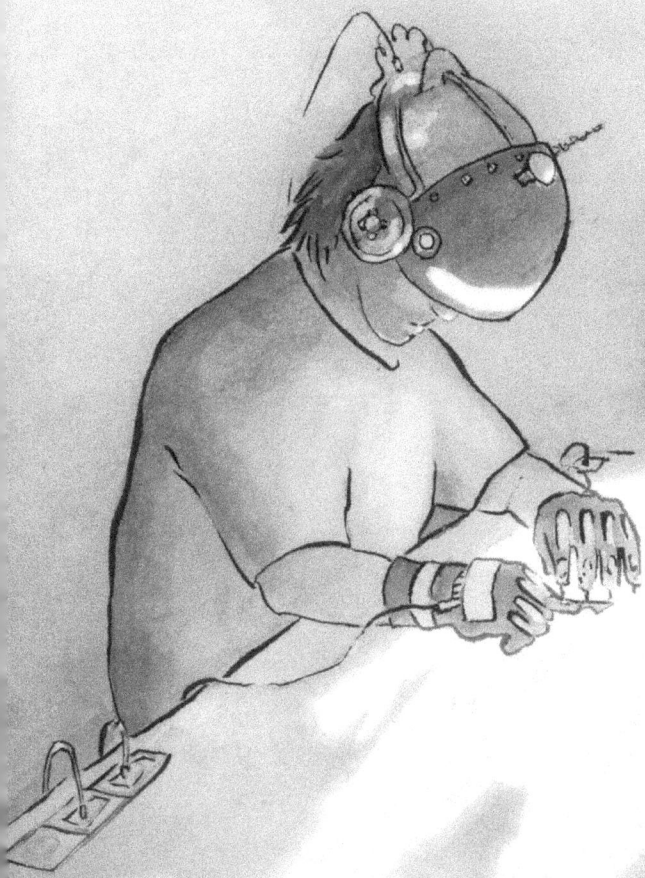

O Silêncio do Vazio

Não há música sem silêncio.

Aliás o silêncio é parte integrante do som e, na música, há notações específicas, as pausas, para modelar não só o ambiente como também marcar os momentos em que só o silêncio se deve "ouvir". Outro exemplo é o da pontuação na escrita, que, para além de permitir ao leitor retomar fôlego, é fundamental para o ritmo, para salientar uma ideia, demarcar uma informação, etc.

Um exemplo sublime da importância do silêncio na música é o tema conhecido por *4'33"*[24] que John Cage compôs em 1952, só com silêncio, mas admitindo todos os sons envolventes (por exemplo, dos espectadores ou de um pássaro a chilrear).

Mas o que é que há no silêncio de tão fascinante e mesmo excitante? Será a sua propriedade de poder ser interrompido? Mas o que é que significa, do ponto de vista físico, o silêncio ser interrompido? Significa que algo, ou alguma coisa, perturbou uma, ou um conjunto de partículas, e que essa perturbação se propagou, de forma ondulatória, até, por exemplo, ao tímpano de um eventual ouvinte.

De facto não há som sem matéria que o propague. A rarefação de matéria torna pouco provável que uma perturbação mecânica se propague no espaço, na forma de uma onda sonora. Mas os campos de forças que atuam sobre as partículas podem "perturbar" o seu silêncio!

Neste contexto, é aceitável perguntarmo-nos se terá havido som no *Big Bang?* Mesmo na ausência de ouvintes viáveis nesse espaço-tempo em expansão, existem dados recolhidos por sondas ou satélites relativos à radiação de fundo do Universo, resquício dos primeiros tempos, que nos permitem reproduzir o que poderíamos designar por primeiros "sussurros" do Universo.

Atualmente, somos capazes de medir a densidade do Universo, tanto a atual como a passada, analisando a radiação cósmica de fundo, através dos dados de temperatura detetados e enviados, por exemplo, pelo satélite *Wilkinson Microwave Anisotropy Probe* (WMAP)[25] da NASA. Estes dados permitem aos cientistas ter uma ideia da variação na densidade de matéria no Universo. Mas também permitiram ao físico John Cramer, da Universidade de Washington, em Seattle, EUA, desenvolver uma simulação por computador de qual teria sido o andamento sonoro ao longo do *Big Bang*. É claro que não entendemos sons que não se propaguem no tempo! Esta simulação pode ser ouvida e a sua explicação lida no seguinte sítio na internet: http://staff.washington. edu/seymour/altvw104.html .

Cramer trabalha no *Relativistic Heavy Ion Collider* [26], um dos maiores aceleradores de partículas do mundo. A simulação de Cramer expressa um longo zumbido inicial do Universo, que se tornou progressivamente mais grave à medida que as ondas se espalharam por um Universo em expansão. O tema de abertura cósmico abrange "apenas" os primeiros 760 mil anos do Universo.

Não houve um grande *"Bang"* sonoro inicial. Só um zumbido, que se foi progressivamente tornando grave num silêncio musical.

Música na Coroa Solar

À frente de uma colmeia, algumas abelhas esvoaçam a preguiça e descrevem uma dança distinta da do dia anterior. É alvorada, e nada indica que as ditas abelhas estejam a comunicar a localização de um certo campo de flores, rico em pólen, eventualmente detetado na véspera, ao crepúsculo, mesmo antes de regressarem para a colmeia para mais uma noite: "Se o Sol não subir amanhã no horizonte, ninguém sai da colmeia", zumbem ao adormecer. Mas hoje não é esse o caso. O astro "cúmplice" da vida aparece cada vez mais intenso, mais radiante, inebriando as abelhas com luz matinal; a sombra do velho carvalho, que retardava o sol a iluminar a colmeia logo pela manhã, já a não escurece. Algo mudou e não foi a colmeia! Parece que começou uma nova estação solar. É isso! Começou o verão e isso muda a dança dos dias!

Ali ao lado, uma multidão de gente, vinda de todas as partes, reúne-se ao redor de uma construção megalítica circular. Tal como a sombra ausente do carvalho sobre a colmeia, os humanos também observam e festejam o alinhamento do Sol com algumas das pedras erguidas no círculo; no seu centro e fora dele. Milhares de observações, ao longo de igualmente milhares de anos, levaram a que civilizações, da designada Idade do Bronze, edificassem tridimensionalmente um monumento para celebrar a regularidade incansável dos astros, em particular a do rei de todos eles: o Sol. A direção da sombra, causada pela exposição solar das pedras, iluminava o espanto da repetição: naquele mesmo dia há centenas de anos, o Sol também esteve naquele ponto no horizonte celeste! E isso anunciava, a toda a criação, que o astro rei iria estar mais quente nos próximos tempos. A regularidade astral dava sustento à contemplação e ao fascínio que o Universo causa em seres sensíveis e mínimos. A certeza sediava-se em milhares de observações milenares registadas em pétrea edificação "3D". Também anunciava que, dentro de pouco tempo, a noite começaria a crescer em relação ao dia, mas, e por enquanto, com uma temperatura estival.

Iluminados pela luz estival acabada de chegar, astrónomos na Universidade de Sheffield, no sul da Inglaterra, utilizam computadores e matemática avançada para interpretar e traduzir os dados enviados por satélites (da NASA e da ESA), que observam e recolhem informação sobre o Sol, a proximidades infernais, e converter esses dados em música![27]

Com o rosto a sorrir de verão, o Professor Fáy-Siebenbürgen, diretor do projeto Sun Shine[28], ouve os últimos acordes[29] proporcionados pela "tradução" do movimento das projeções na coroa solar (projeções em "loops" para o espaço de matéria no estado de plasma na superfície solar, na realidade hidrogénio e hélio a altíssimas temperaturas) quais tsunamis no "oceano" de plasma de partículas subatómicas que banha a superfície solar, em acordes, harmonias da coroa solar, que sensibilizam a nossa audição e originam uma estranheza neuronal. Com uma temperatura de cerca de 2 milhões de graus Celsius, o ambiente musical deve estar sublimado!

Os cientistas associam estas projeções na coroa solar (origem do vento solar) à atividade magnética do Sol. Sabem que uma grande mudança na atividade origina as chamadas tempestades solares. Estas, grandes quantidades de energia na forma de campos eletromagnéticos, "visíveis" no ultravioleta, causam perturbações nas comunicações tecnológicas humanas e interferem com instrumentação de base eletrónica (telemóveis, computadores, televisões, satélites, linhas de transporte de alta tensão elétrica, etc.). As avarias são comuns durante as tempestades solares. Deste modo, a possibilidade de prever, não o início de uma nova estação, mas o aumento significativamente intenso da atividade solar, reveste-se de uma importância crucial para a sociedade em que vivemos. E se essa predição se realizar através da audição musical da atividade solar, melhor: é a sinfonia solar, música com que a tempestade se faz anunciar!

Resta-nos ouvir essa música[30] e ver a dança das abelhas à frente das colmeias. Será que estes sensíveis insetos dançam ao som/visão da mesma música, sensíveis que são ao ultravioleta? Por outras palavras: conhecerão as abelhas o fascínio do multimédia!?

MÚSICA NOS GENES

A propósito do dia Mundial da Música, instituído em 1975 pelo International Music Council sob o patrocínio da UNESCO, e que, desde então, se comemora anualmente no primeiro dia de outubro, é oportuno divulgar um trabalho que tem vindo a ser desenvolvido por Gil Alterovitz, doutorado em Engenharia Elétrica e Biomédica pela Faculdade de Medicina da Universidade de Harvard e pela Divisão de Ciências e Tecnologias da Saúde do Instituto de Tecnologia de Massachusetts (em inglês, Massachusetts Institute of Technology, MIT).

Este investigador desenvolveu, utilizando métodos Bayesianos[31], uma ferramenta de análise estatística de bases de dados bioquímicos e criou uma aplicação bioinformática que gera sons e gráficos coloridos, quais arranjos orquestrais acompanhados por fogo de artifício, a partir da informação do tráfego de proteínas que interagem entre si em milhares de vias metabólicas intracelulares[32]. Estas vias, quais leitos por onde flui a informação codificada nos genes até à foz de uma qualquer função fisiológica, formam uma astronómica rede de interações interdependentes entre proteínas e metabolitos, permitindo à célula um controlo fino dos processos vitais.

A ideia inicial de Gil Alterovitz foi alimentada pela grande torrente de informação que adveio do mapeamento do genoma e, principalmente, pela necessidade de entendermos como é que cerca de um milhão de proteínas[33], forjadas a partir da informação codificada nos cerca de 20 a 25 mil genes que o *Homo sapiens* possui[34], interagem entre si.

Existe, simultaneamente, um complexo sistema que regula quais os genes que devem estar ativos num determinado momento (ou seja, a serem transcritos para modelar a síntese das proteínas que codificam) e quais os que devem ser, ou permanecer, desativados. Exemplo geral, é esta partitura de ativação/desativação genómica, ou epigenoma, que vai dirigir a ação de inúmeros fatores proteicos que, interagindo entre si, vão, em última instância, fazer com que umas células se diferenciem em células sensoriais auditivas e outras nas diferentes células que nos permitem ter o sentido da visão.

Quando algo corre mal, no caso de uma doença com origem no genoma ou no epigenoma, isto é, na regulação daquele, pode acontecer que uma ou mais proteínas sejam sintetizadas com erros, ou não sejam de todo sintetizadas, o que ocasiona interrupção no fluxo de interações proteómicas e metabólicas na célula. Pense no caso da produção de insulina por parte das células por isso responsáveis no pâncreas, modelada pela presença ou ausência de estímulo para a sua síntese e libertação.

Vamos utilizar este exemplo como cenário de fundo para explicar a aplicação bioinformática desenvolvida por Alterovitz. Imagine que atribuiu sons e cores diferentes aos genes e proteínas envolvidas na síntese de insulina, que esses sons e cores mudam consoante a ativação ou desativação desses genes e que as suas tonalidades também mudam dependendo das interações detetadas entre proteínas nas vias metabólicas associadas à insulina. Se reunir toda esta informação numa base de dados e utilizar modelos estatísticos preditivos para desenvolver uma aplicação bioinformática das interações epigenómicas e proteómicas que possuem uma maior probabilidade de, no momento escolhido, estarem a acontecer, então poderá visualizar, através de gráficos e sons gerados por computador, um "áudio-fotograma" das redes de informação para a síntese de insulina naquele momento. Se agora estabelecer um período de tempo de monitorização e utilizar software de animação 3D, então poderá "ver" a dinâmica do tráfego intracelular e "ouvir" a sua própria banda sonora. Desta forma, poderá distinguir o ambiente visual e sonoro característico da produção de insulina daquele outro em que esta é inibida. Por outras palavras, conseguirá hipoteticamente distinguir uma célula sã de uma outra doente. Veja o vídeo de uma simulação deste género no sítio do YouTube[35].

Para além do aparente aspeto lúdico, é muito útil apresentar desta forma a informação da dinâmica bioquímica característica da vida. Esta e outras aplicações similares da bioinformática aos processos celulares complexos em conjunto com o desenvolvimento vertiginoso das tecnologias de computação, permitirá, num futuro próximo, mudar as plataformas de comunicação entre médicos e pacientes: em vez de uma lista com valores da última análise bioquímica ao sangue, o paciente poderá receber no seu telemóvel (ou no seu substituto de amanhã) uma animação multimédia 4D que representa, visual e musicalmente, o estado da sua saúde celular!

Da mesma forma, permitam-me a graça, terei a oportunidade de o convidar a assistir, num futuro dia 1 de outubro, à *"Sinfonia Epigenética Concertante"*, autoria das vias metabólicas existentes nas minhas células, as quais, devido à minha individualidade genética, possuem cambiantes que as tornam suficientemente distinguíveis das do leitor.

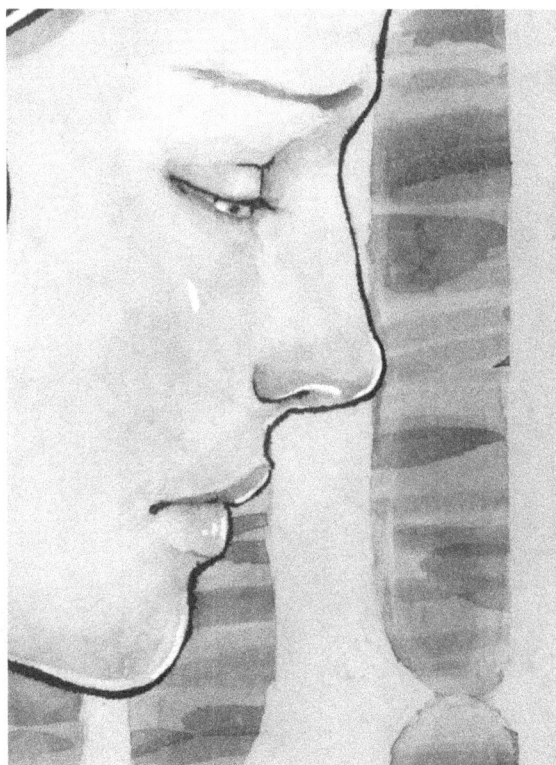

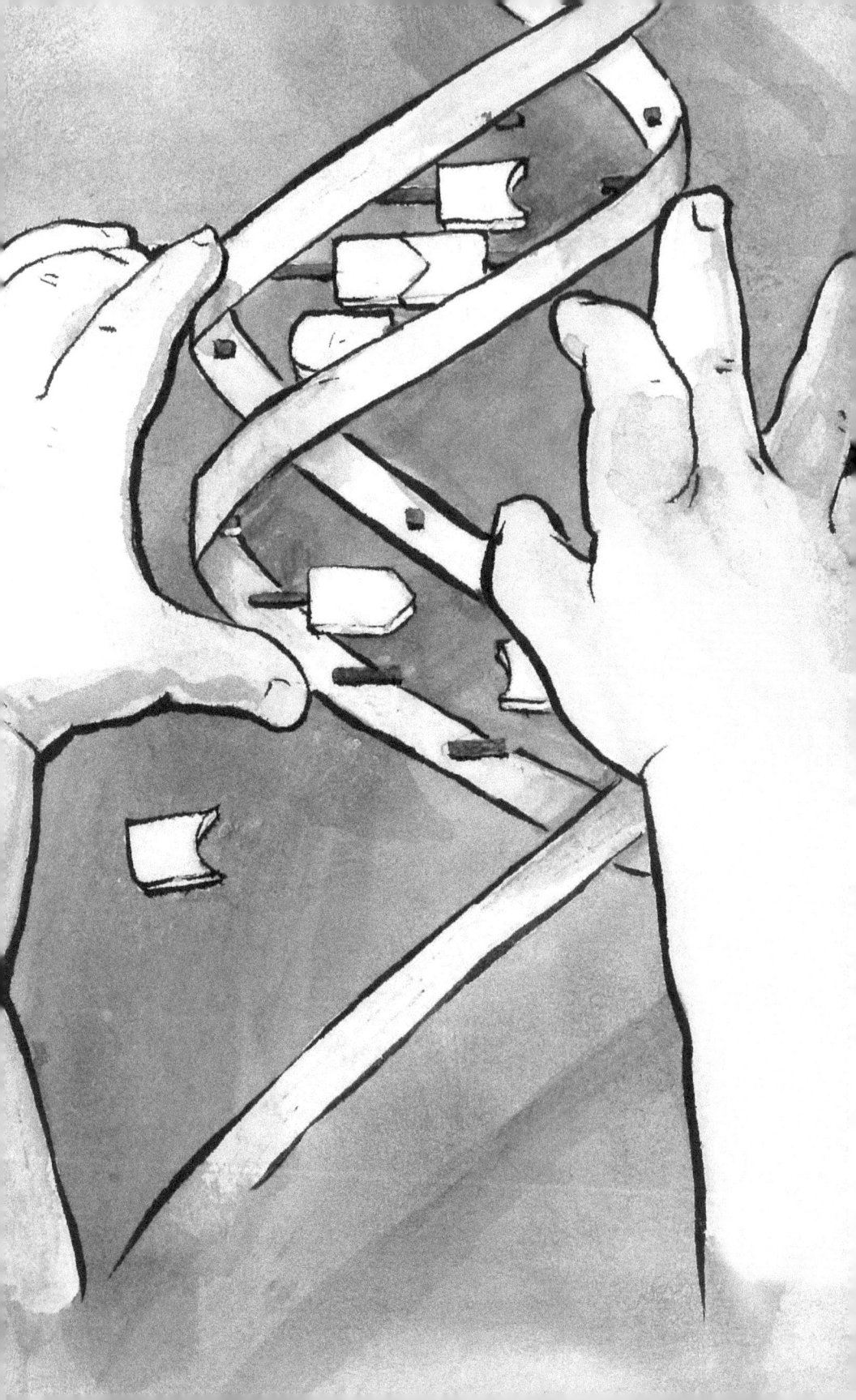

O Lego da Vida

Quando em 2001 a empresa Celera Genomics, liderada por J. Craig Venter, e o Consórcio Internacional do Projeto do Genoma Humano, liderado inicialmente por James Watson, divulgaram as suas cartografias do genoma do *Homo sapiens sapiens*, foi salientado por muitos cientistas que a tarefa hercúlea que acabara de ser concluída, era só o princípio de um dilúvio de dúvidas, novas questões, novos desafios insuspeitos, algo de genuinamente próprio da melhor ciência. Foi como se se tivesse fotografado, de dois ângulos ligeiramente diferentes, a pedra de Roseta: já se conseguiam "ver" todas as "letras" e a sequência por que estão dispostas através de duas prespectivas.

Mas a sequenciação, em si própria, não respondeu imediatamente a questões como: o que é que a sequência diz (faz); qual o seu papel na orquestra dos mecanismos celulares; qual a semântica da hiperligação existente entre frases de parágrafos (genes) e capítulos (cromossomas) diferentes e que aparentam estar envolvidos em instruções para uma tarefa particular. É que as instruções genómicas para a vida não são muito lineares. Verificamos inúmeros exemplos em que a decisão, para uma determinada característica, resulta da comunicação entre genes localizados em cromossomas distintos. Por outras palavras, o resultado da regulação e da interação da informação inscrita nos cromossomas é muito diferente da soma das partes. A álgebra da vida parece precisar de outras operações para as quais ainda somos muito míopes (Newton resolveu a sua miopia desenvolvendo uma nova lente matemática para melhor descrever o movimento e a atração dos corpos com massa; Lavoisier expressou através da matemática as observações experimentais da transformação da matéria!).

Ademais, há ainda a considerar, para a compreensão do funcionamento celular, a interação de inúmeras moléculas, que banham e inundam as células, transportando ondas de ordens, informações vindas de outras células, muitas tendo origem e fim em órgãos diferentes (o cérebro a controlar o movimento dos músculos com que o leitor folheará esta página, por exemplo). Muita da habilidade molecular em dar sentido a estas comunicações químicas está inscrita nos genes. Mas também é resultado das propriedades físico-químicas da interação entre as biomoléculas. O genoma foi-se "estabilizando" ao longo da evolução, de acordo com as propriedades implícitas da matéria que também o constrói.

Se pensarmos nestes blocos de biomoléculas, quer orgânicas, quer inorgânicas, como peças de "Lego", talvez percebamos melhor que peças "iguais" podem cumprir perfeitamente a sua função, como parte do parapeito de uma janela ou da asa de um avião.

A natureza da vida rege-se por uma economia muito ajustada dos recursos disponíveis: quando algo funciona bem, utiliza-se para o maior número de funções e interações em que funcione com significado e utilidade. Assim, com um número reduzido de peças, consegue-se uma biodiversidade espantosa e ajustada a um meio em permanente mudança. Logo, as peças, ou algo na forma como elas interagem, também têm de ser flexíveis para poderem funcionar em ambientes diferentes dos iniciais. Caso contrário, são dispensadas, ou melhor, recicladas e transformadas noutra peça potencial. É um pouco como se os encaixes entre as peças de Lego pudessem ser ligeiramente modificados com um custo mínimo, mas com um resultado determinante: a sobrevivência do todo celular.

Espreitar esta complexidade ilustra a dificuldade em recriarmos a vida em laboratório, a partir dos ácidos, das bases e algumas pitadas de sais. Mesmo já conhecendo muitas instruções genéticas, para muitas das funções celulares, montar a caixa celular a partir de uma sequência artificialmente justaposta de genes (longas sequências específicas das peças guanina, adenina, citosina e timina) continua a ser uma quimera desejada por muito boa gente, a trabalhar nesta odisseia há já alguns anos, como é o caso do Instituto J. Craig Venter, nos Estados Unidos.

Na edição da revista "*Science*" de 21 de maio de 2010, uma equipa de investigadores liderada por Craig Venter publicou [36] ter conseguido reconstituir artificialmente e pela primeira vez, uma bactéria, a partir de peças de "lego" bioquímicas.

Não, não se trata de um novo jogo de computador. Trata-se de bioengenharia laboriosa (15 anos e 40 milhões de dólares) e deslumbrante. O modelo utilizado foi o *Mycoplasma mycoides*, uma bactéria com mais de um milhão de pares de bases no seu único cromossoma circular. Dadas as implicações éticas e discussões filosóficas que qualquer nova tecnologia da vida traz consigo, a equipa de Venter, ironicamente, substituiu 14 genes que conferem patogenicidade ao *M.* mycoides (em cabras), por frases codificadas na sequência de letras do ADN genómico com os nomes dos elementos da equipa de Venter, um sítio da Internet e várias citações famosas.

Aparentemente, esta versão culta do *M. mycoide*s é capaz de se dividir, uma das características da vida. Veremos se as frases introduzidas por Venter resistem a mutações deletérias e à implacável seleção natural.

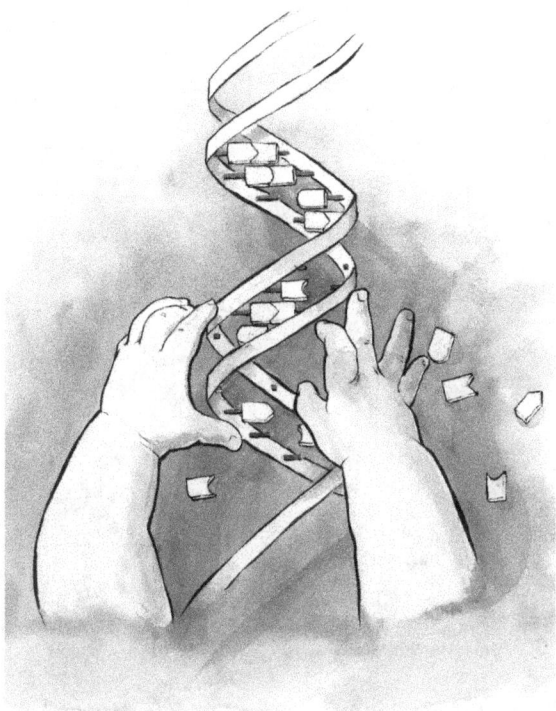

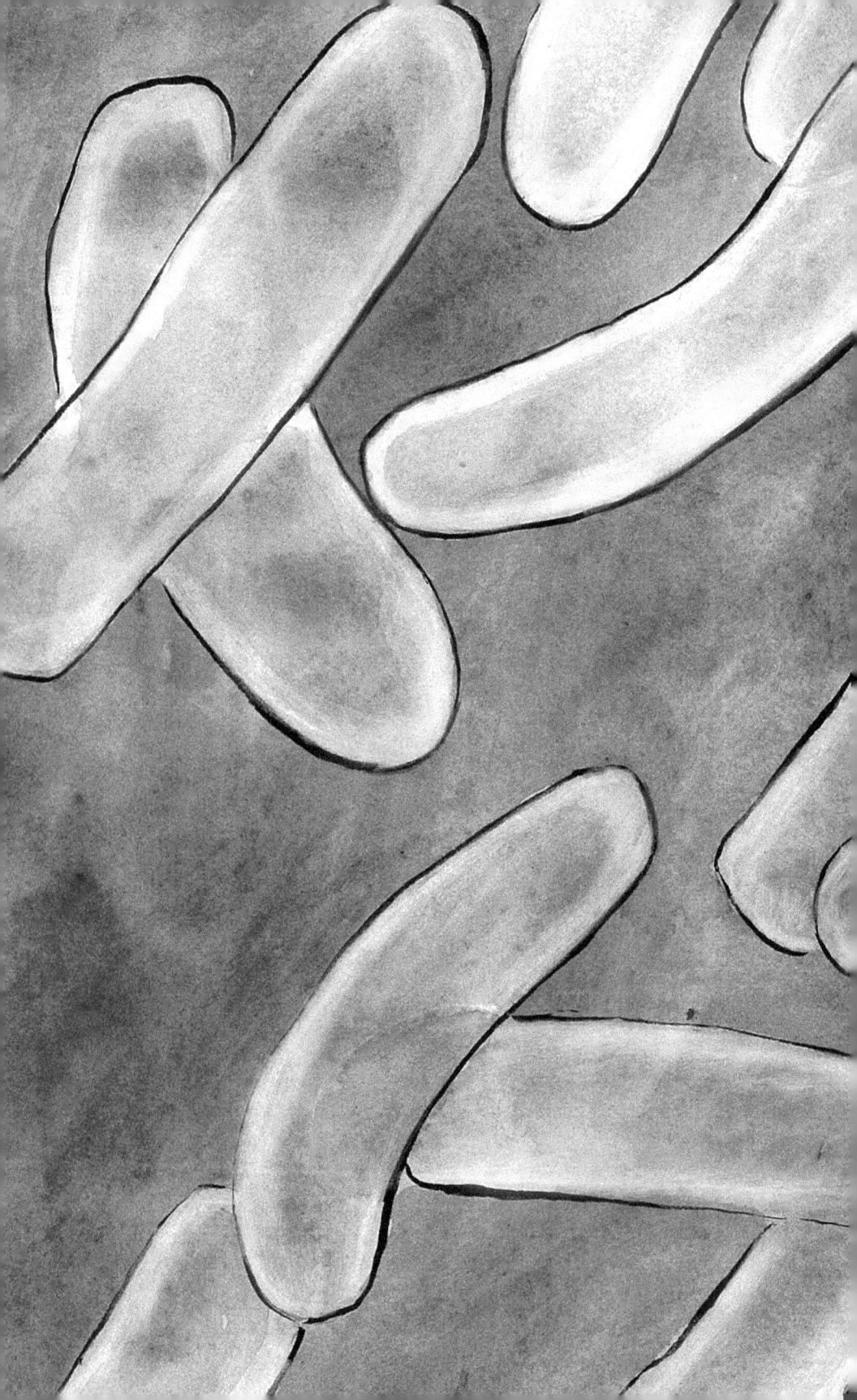

Altruísmo Bacteriano

As bactérias, microrganismos unicelulares, colonizam o planeta Terra pelo menos há cerca de 3,8 biliões de anos. A sua origem sobrepõe-se à da própria vida tal qual a conhecemos.

Sobreviveram a inúmeras e profundas alterações geoclimáticas, catástrofes ditas naturais, a colisões de grandes meteoros com o nosso planeta. Adaptaram-se a reagir quer à crónica alteração geológica do planeta, quer a situações agudas nos seus ecossistemas. É possível afirmar que são os seres vivos melhor adaptados aos "feitios" do planeta na sua viagem cósmica.

Se pensarmos nos efeitos da ação humana sobre o planeta e constatarmos que provocamos alterações nefastas (para nós!), o que dizer da ação das bactérias sobre o condomínio Terra? Basta notar que a oxigenação da atmosfera terrestre se deveu à ação de uma espécie de bactérias púrpuras: as cianobactérias. O aumento, ao longo de milhões de anos, da concentração relativa de oxigénio até aos atuais cerca de 20%, influenciou decisivamente a evolução das formas de vida multicelular e mais complexas, que dele ficaram cativos para os seus processos energéticos. Mas continuaram a existir bactérias que não precisam de oxigénio para viver. Algumas, por exemplo as do género *Lactobacillus,* vivem, sem oxigénio, no nosso intestino.

Os microbiologistas têm dificuldade em encontrar lugares no planeta explorado que não estejam colonizados por bactérias. Há bactérias, designadas por extremófilas, que vivem em condições de temperatura, pressão e salubridade incompatíveis para a grande maioria das outras formas de vida do planeta. Há até um microrganismo, a estirpe 116 (*Methanopyrus kandleri*), que vive e se reproduz a 122 °C!!!

Importa dizer que, apesar de unicelulares, temos sempre de racionalizar as bactérias colocando o acento tónico na sua disseminação em colónias de biliões de indivíduos! E que ocorre uma constante troca de informação, quer através de moléculas simples quer através de outras complexas, como as dos genes, entre a maior parte das bactérias da colónia.

Aliás, podemos, sem exagerar, notar a existência de uma forma refinada de informação bacteriana disseminada em rede e acessível em qualquer ponto da biosfera!

Assim, não é de estranhar que as bactérias tenham incorporado, na sua máquina de sobrevivência, estratégias para alertar os vizinhos colonos quando são alvo de agressões à sua integridade e sobrevivência.

É o que acontece com a resistência aos antibióticos. Aliás, muitos dos que começámos por usar são produzidos por bactérias. De facto, no combate às que nos causam doenças, utilizamos uma estratégia composta por armas bioquímicas forjadas no cadinho primevo da própria vida.

Recentemente, microbiologistas norte-americanos, de vários institutos e universidades do condado de Massachusetts, descobriram que o indol, produto da degradação do aminoácido triptofano no metabolismo bacteriano (presente de forma abundante nas fezes humanas conferindo-lhes um odor fecal característico), é uma molécula sinalizadora de stress ambiental entre bactérias da mesma espécie.

Sempre que uma bactéria é atacada por um dado antibiótico, ela ativa uma série de processos bioquímicos para sobreviver enquanto indivíduo, mas também para "avisar" as restantes bactérias da colónia de que está sob agressão.

Assim, através da difusão da "palavra bioquímica" indol, as bactérias da colónia ativam processos bioquímicos que as tornam mais resistentes (aumento da atividade de bombas que expulsam o antibiótico do interior da bactéria; ativação de processos antioxidantes, entre outros). E, para isso, excreta indol como grito de aviso. Ao estudar o comportamento dinâmico de uma colónia de bactérias modelo, neste caso a *Escherichia coli*, face a doses crescentes de antibióticos, os autores do estudo publicado na revista *Nature* [37] verificaram que bactérias isoladas resistem muito menos aos antibióticos a que são sensíveis do que a colónia como um todo.

Por outro lado, identificaram um comportamento semelhante ao "altruísmo humano": algumas bactérias da colónia "sujeitam-se" a uma "luta" individual contra o antibiótico para encontrar uma forma de resistência. Se, por um lado, se colocam individualmente em perigo, o custo da sua perda resultará, por "tradição adaptativa", na "descoberta" de uma solução de sobrevivência para a colónia como um todo!

Este comportamento "altruísta" ter-se-á otimizado ao longo da evolução bacteriana, biliões de anos antes de os primeiros mamíferos deixarem os primeiros rastos na Terra.

Uma vez que há mais bactérias no nosso intestino do que células no nosso corpo, apetece perguntar, ironizando, se haverá mais altruísmo e caridade nas nossas vísceras do que na humanidade inteira?

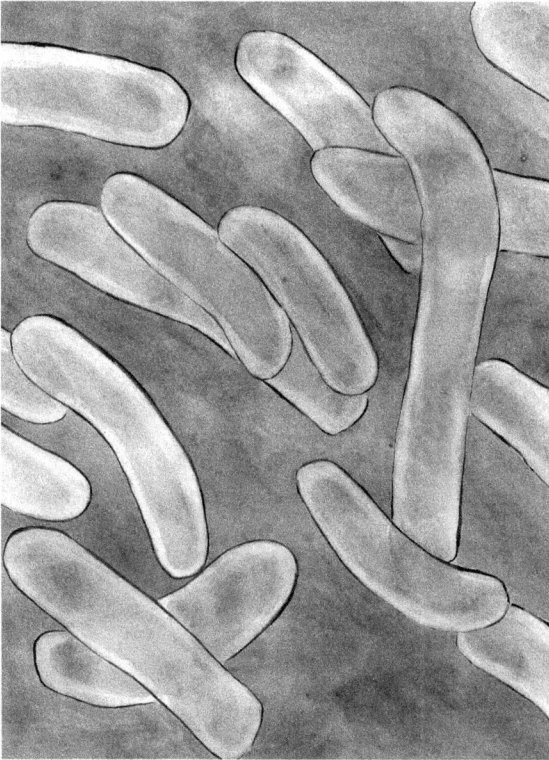

Breves Sobre o Arsénio e o Fósforo na Vida

Tanto quanto é possível saber, com a tecnologia e conhecimentos geológicos atuais, quer o fósforo quer o arsénio, e seus derivados óxidos, estiveram presentes em abundância biodisponível antes do início da vida no planeta Terra[38]. Compostos de arsénio até estiveram em níveis de concentração tóxicos para as atuais formas de vida, em locais onde a vida existiu e deixou registos.

Por outro lado, existem inúmeras evidências de que, antes do desenvolvimento de bactérias fotossintetizantes, compostos de arsénio foram mobilizados pela vida unicelular para a obtenção de energia através de processos de oxi-redução[39].

A convivência do arsénio com a vida emergente está registada na existência de complexos proteicos respiratórios, genericamente designados por arsenato reductases, presentes em algumas bactérias anaeróbias (ou seja, que não precisam de oxigénio molecular para os seus processos energéticos).

De facto, a utilização de compostos de arsénio pela vida, para processos de vida, é conhecida pelo menos desde o princípio do século XXI. Em 2001, uma bactéria, a Thermus HR13, foi identificada numa fonte geotermal com temperaturas próximas dos 100 °C, e caracterizada pela sua capacidade de utilizar o "venenoso" arsénio inorgânico, em processos "respiratórios" na ausência de oxigénio!

Igualmente "disponíveis" para integrarem a viagem evolutiva da vida, a preva-lência do elemento fósforo, em aparente detrimento do elemento arsénio, terá tido mais a ver com a estabilidade dos compostos formados pelo primeiro com o oxigénio e com os outros elementos denominadores comuns na equação da vida (hidrogénio, carbono, nitrogénio, enxofre).

Em seres aeróbios, quer unicelulares ou multicelulares, o arsénio inorgânico e os sais de arsenato, interferem com o normal funcionamento metabólico. Causando stress oxidativo, inativando proteínas, entre outras "bisbilhotices" bioquímicas, a semelhança dos arsenatos com os fosfatos, por exemplo, permite aos primeiros substituírem-se aos segundos, perturbando funções vitais.

Os compostos de arsénio são estruturalmente "parecidos" com certas matérias-primas necessárias ao metabolismo celular. Quase se poderia dizer que alguns compostos de arsénio são autênticos cavalos de Troia: arsenatos são transportados para o interior celular pelas mesmas proteínas membranares que transportam os tão necessários (ler mais à frente) fosfatos.

O engodo biomolecular está inscrito ainda mais profundamente na intimidade celular. A frequência da substituição é suficientemente elevada para ser "rentável", na bioeconomia celular, o investimento evolutivo de proteínas antiarsénio[40]. De facto, algumas espécies de bactérias possuem genes de resistência ao arsénio [39].

Os perigos da substituição, a toxicidade do arsénio e companhia, são tanto maiores quanto as parecenças com o fósforo e seus derivados. E isto apesar da clara diferença química elementar. O fósforo (símbolo químico P) é constituído por 15 protões e 15 neutrões, o arsénio (símbolo químico As) por 33 protões e 33 neutrões. As propriedades semelhantes, mas com nuances reativas diferentes, são dadas pelo mesmo tipo de configuração eletrónica de valência ($3s^2\ 3p^3$ para o P, $4s^2\ 4p^3$ para o As), ou seja, pelas semelhantes possibilidades de interação com outros átomos. Rodeado pelos mesmos átomos, com que pode interagir da mesma forma do que o fósforo, o arsénio insiste em perturbar algumas formas de vida, como a nossa.

Surge agora outra questão estruturante: e porque é que o fósforo é essencial à vida?

O anião fofasto (PO_4^{2-}) é parte integrante do esqueleto da estrutura helicoidal da molécula de ADN (ácido desoxirribonucleico), "argamassa" dos nossos genes, assim como de outros tipos de ácidos nucleicos como sejam os "multifacetados" ARNs (ácidos ribonucleicos). Mal formações embrionárias e a ação teratogénica dos arsenatos são há muito conhecidas pela interferência destes na estabilidade genética necessária ao desenvolvimento normal [41].

As células utilizam as ligações que o grupo fosfato estabelece para armazenar e transportar energia sendo a adenosina-tri-fosfato, ou ATP, a moeda energética franca a nível da biosfera terrestre.

Os fosfolípidos que formam as membranas celulares têm, como o próprio nome indica, fósforo na sua constituição. A presença do grupo fosfato na constituição lipídica é responsável, em grande parte, pelas propriedades membranares intrínsecas à vida em meio aquoso.

Compostos contendo na sua constituição o funcional grupo fosfato, como o AMPc, o GTP, são ainda utilizados pela célula para comunicar com outras células ou para regular o fluxo e a transdução de informação, por exemplo, hormonal. De facto, a adição de um grupo fosfato (designado por fosforilação) pode ativar ou desativar a função fisiológica de determinada proteína, ligando ou desligando determinada via metabólica e/ou de sinalização celular em resposta a um sinal hormonal, fator de crescimento, entre muitos outros.

Por fim, não é preciso grande imaginação, ou mais informação, para entender os distúrbios que as substituições por aparências podem causar na fina organização da vida.

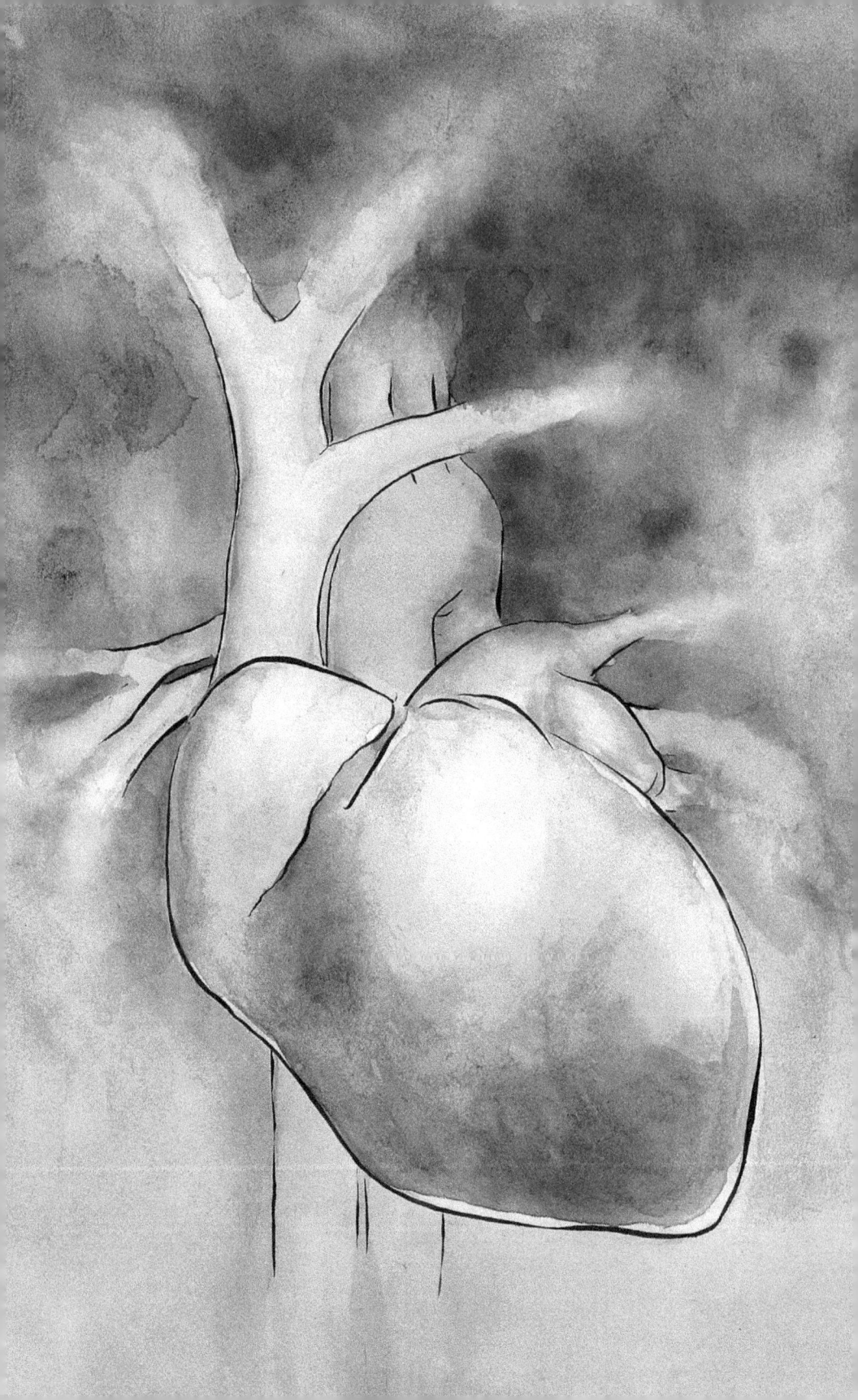

Fluir Para Crescer

Logo após a fecundação, depois de uma brevíssima pausa para o zigoto "respirar", explode uma intensa atividade de divisão, diferenciação e especialização celular. Estes processos vão originar os diversos tecidos e sistemas de órgãos que nos dão forma e nos enchem de vida.

Estes processos estão particularmente ativos, mas não exclusivamente, durante o desenvolvimento embrionário, no qual são edificados os diferentes tipos de células, blocos estruturantes e funcionais dos diferentes tecidos, alicerces e elementos anatómicos dos órgãos.

Numa "tradição" que fica como "recordação" dos tempos embrionários, todos os órgãos cooperam entre si funcionando ao "som" de mensagens bioquímicas (hormonas, neurotransmissores, entre outros compostos), que trocam entre si, numa orquestração homeostática.

Um dos veículos de transporte dessas mensagens moleculares é o sangue. Este tecido é composto, como os outros, por um conjunto de células que lhe são específicas. Entre elas encontram-se os glóbulos vermelhos ou eritrócitos.

Entre outras funções, ainda pouco esclarecidas, os eritrócitos são responsáveis pelo transporte de oxigénio e de dióxido de carbono, entre os pulmões e os tecidos, garantindo assim que ocorram as trocas gasosas indispensáveis para a respiração pulmonar e celular.

É de salientar que os eritrócitos também são indispensáveis na homeostase do ferro e que podem ser considerados como transportadores deste ião metálico.

Regressando ao embrião, já nidado à parede uterina materna, as primeiras trocas gasosas que permitem que o oxigénio chegue abundantemente a todas as suas células, e que o dióxido de carbono seja delas removido, são garantidas, inicialmente, por "mera" difusão. Mas o rápido crescimento do embrião torna a pura difusão insuficiente. A resposta arquitetada evolutivamente é em forma de coração e são desenvolvidos os esboços do que virá a ser o sistema cardiovascular adulto.

De facto, um projeto de coração é o primeiro órgão a se formar com a tarefa de propulsionar, por convecção forçada pelo seu bombear, sangue a todas as células. Os primeiros batimentos, numa frequência entre 100 e 115 batimentos por minuto, ocorrem cerca de 21 dias após a fecundação, numa altura em que a mãe, a maior parte das vezes, ainda não sabe que está grávida!

Os eritrócitos que fluem nos primeiros tempos de desenvolvimento são gerados por diferenciação de células estaminais embrionárias hematopoiéticas. Recorde-se que o embrião não possui ainda os ossos nem a medula óssea onde os eritrócitos serão gerados quando o organismo estiver completo.

A ideia geral sobre a diferenciação celular é a de que ela é mediada por mensageiros químicos, numa interação célula a célula, que estimula quais e onde se devem especializar as células no, e do, embrião, para executar uma tarefa indispensável para o organismo como um todo. Mas no caso dos eritrócitos, embriologistas moleculares descobriram que as forças biomecânicas do bombear cardíaco, e as resultantes do fluxo sanguíneo, exercem estímulos sobre as células estaminais embrionárias para que estas se diferenciem em eritrócitos[42]. Ou seja, numa fina e elegante economia de recursos disponíveis, é o próprio bombear do coração que indica a necessidade de serem gerados mais glóbulos vermelhos.

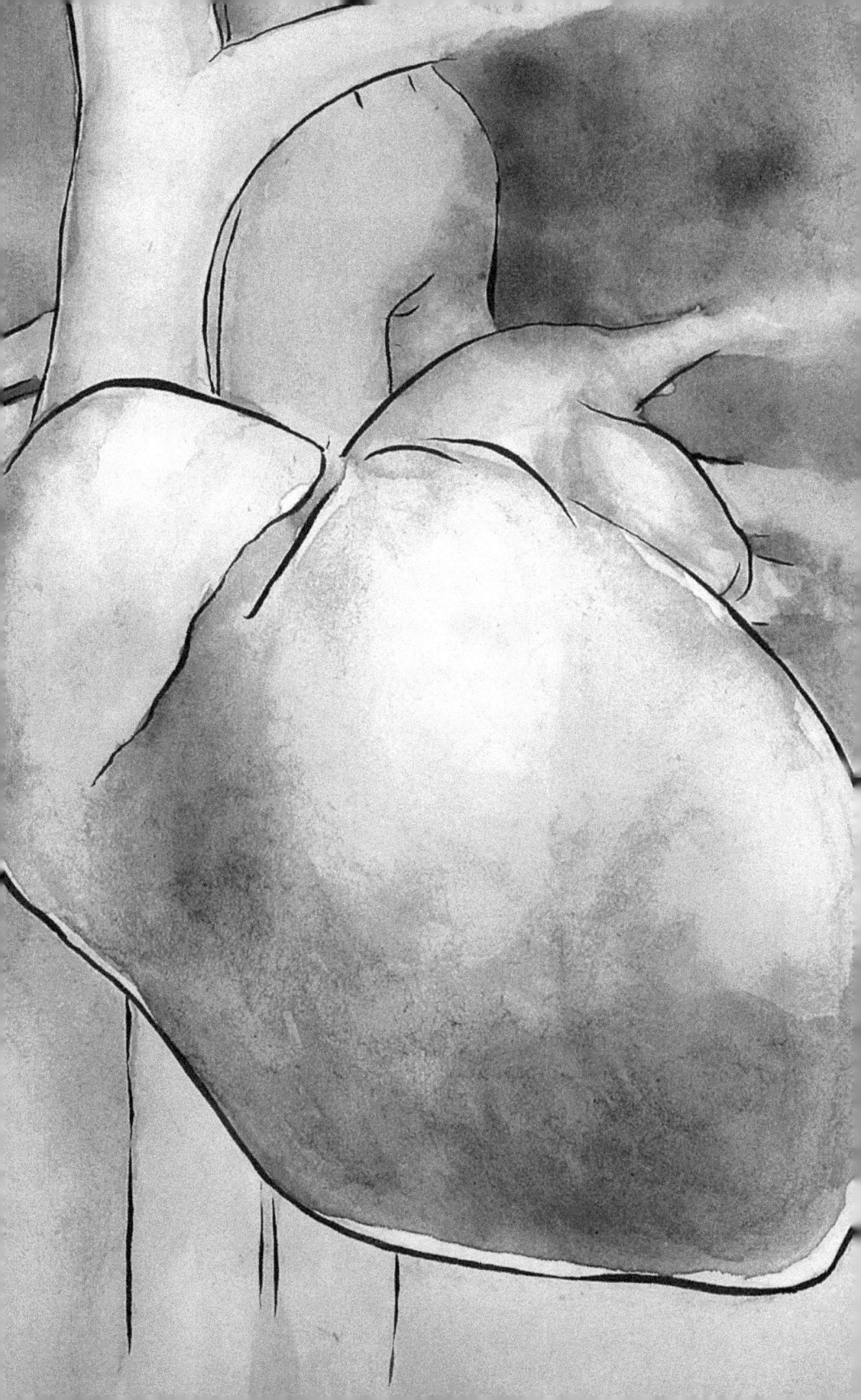

Aguarela Bioquímica

Que ambiente molecular encontraríamos se conseguíssemos ver o interior de uma célula à escala atómica? Que hora de ponta bioquímica existe na agitação molecular característica dos processos biológicos vitais? Será que o conhecimento entretanto acumulado desde a formulação da teoria celular (que diz que a unidade fundamental de todos os seres vivos é a célula) em 1830, por Schleiden e Schwann, nos permite ter uma ideia, mais ou menos precisa, desse ambiente? Se sim, como o poderemos retratar para que possa ser visto pelos nossos olhos nano e micro-míopes?

De facto, desde que a ureia foi sintetizada em laboratório por Friedrich Woehler, em 1828, derrubando assim a teoria vital (a de que os compostos orgânicos só podiam ser sintetizados no interior de seres vivos), a cartografia biomolecular da célula foi sendo preenchida e detalhada com um número espantosos de moléculas e elementos diferentes. Mais do que um inventário e catalogação de aglomerados moleculares e iónicos, o conhecimento das propriedades físico-químicas dessas nuvens eletrónicas intrinsecamente nucleadas por protões e neutrões (e outros "ões" sub-nucleares) em diversas combinações, tem permitido a construção de modelos e de simulações do que acontece a um nível biomolecular.

O poder de cálculo útil com que as tecnologias informáticas e de computação nos têm brindado nas últimas décadas (anos) contribuiu e permitiu, de forma decisiva, para a modelação e simulação de interações moleculares com significado e funcionalidade biológicas.

Exemplos desta confluência, entre o saber bioquímico e a informática, são as bases de dados que passaram a desaguar imagens em aplicativos nos desktops, laptops, mobiles, etc. De entre elas, o RCSB Protein Data Bank[43], ou simplesmente PDB, banco de dados sobre estruturas tridimensionais de proteínas e ácidos nucleicos, de domínio público e livre acesso, é disso exemplo incontornável. Pelo menos 60 mil

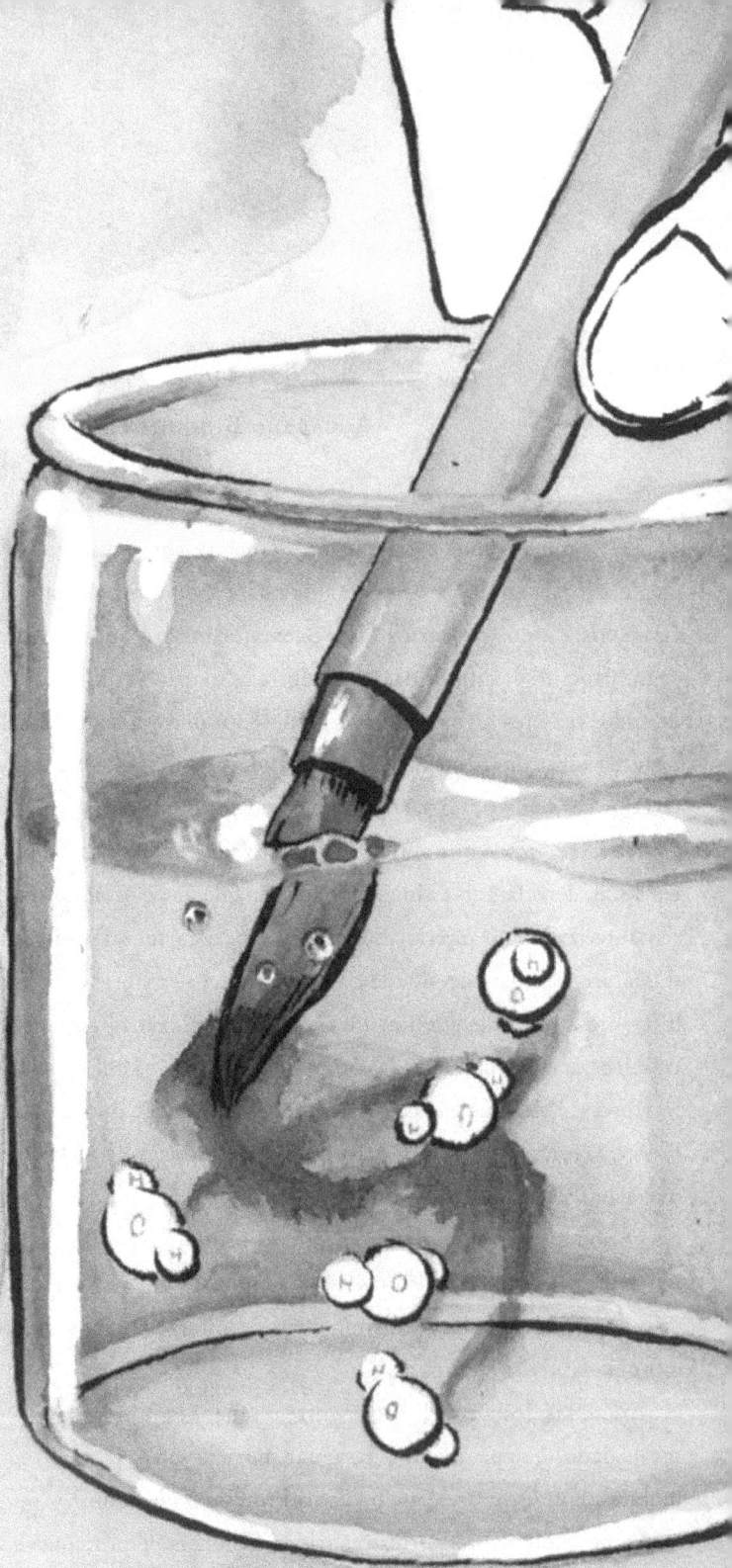

estruturas biomoleculares estão ali depositadas, à espera de serem visualizadas e o seu número não pára de aumentar.

Um ritual do sítio do PDB é o da publicação mensal de uma estrutura biomolecular selecionada e desenhada pelo médico/artista molecular David S. Goodsell[44]. Desde janeiro de 2000 (ou seja desde o último ano do século XX) que, mensalmente, Goodsell nos brinda com as suas aguarelas bioquímicas. Utilizando uma técnica de pintura que relembra o cloisonismo (técnica de pintura desenvolvida no último quartel do século XIX, primeiramente denominada por Edouard Dujardin, aquando do *"Salão dos Independentes"* ocorrido em Paris em março de 1888, e caracterizada por gradações de uma mesma cor delimitadas por traços escuros), Goodsell consegue transmitir-nos a tridimensionalidade das estruturas moleculares sobre suporte bidimensional (o monitor, a folha de papel) e, assim, torna mais intuitiva a perceção da relação estrutura-função, natureza essencial da Biologia Molecular e Bioquímica.

De facto, é preciso uma grande capacidade de abstração e imaginação espacial para conseguir aprender estruturas e relações que funcionam devido à sua interação tridimensional no tempo, em suportes bidimensionais. O recurso a animações 3D e vídeos que hoje começam a ser comuns no ensino da Bioquímica, parece ser um caminho interessante a percorrer. Contudo, enquanto estas novas e atrativas plataformas baseadas em tecnologia *new media* não se democratizam com qualidade e rigor científico, as representações tradicionais tenderão a ser o material de referência.

Neste contexto, o trabalho desenvolvido por Goodsell, pelo menos desde 1991, na comunicação de conhecimento bioquímico e biológico através de aguarelas adquiriu estatuto de espaço próprio e de tendência representativa nesta área.

Também por isso é que o seu livro *"The Machinery of Life"*, editado primeiramente pela Springer em 1993, e reeditado em 2009 pela mesma editora (ISBN: 978-0-387- -84924-9), é um marco das boas e frutíferas relações entre arte e ciência. No seu livro, David Goodsell alia a sua arte pictórica e o seu conhecimento bioquímico para nos apresentar instantes de um mundo biomolecular denso em diversidade e nos guiar através dos processos moleculares subjacentes à vida. Mas Goodsell não se limita só a representar as diferentes biomoléculas, seus agregados funcionais e estruturas intracelulares com cores diferentes e matizadas para uma perspetiva em profundidade. Mais do que isso, utiliza a vastíssima informação analítica sobre a composição quantitativa e qualitativa das moléculas e átomos da vida, disponível nas inúmeras fontes de informação registadas em suportes celulósicos e eletrónicos, para nos dar retratos dos fenómenos biológicos a nível molecular respeitando a demografia da miríade de componentes que participa na aventura da vida.

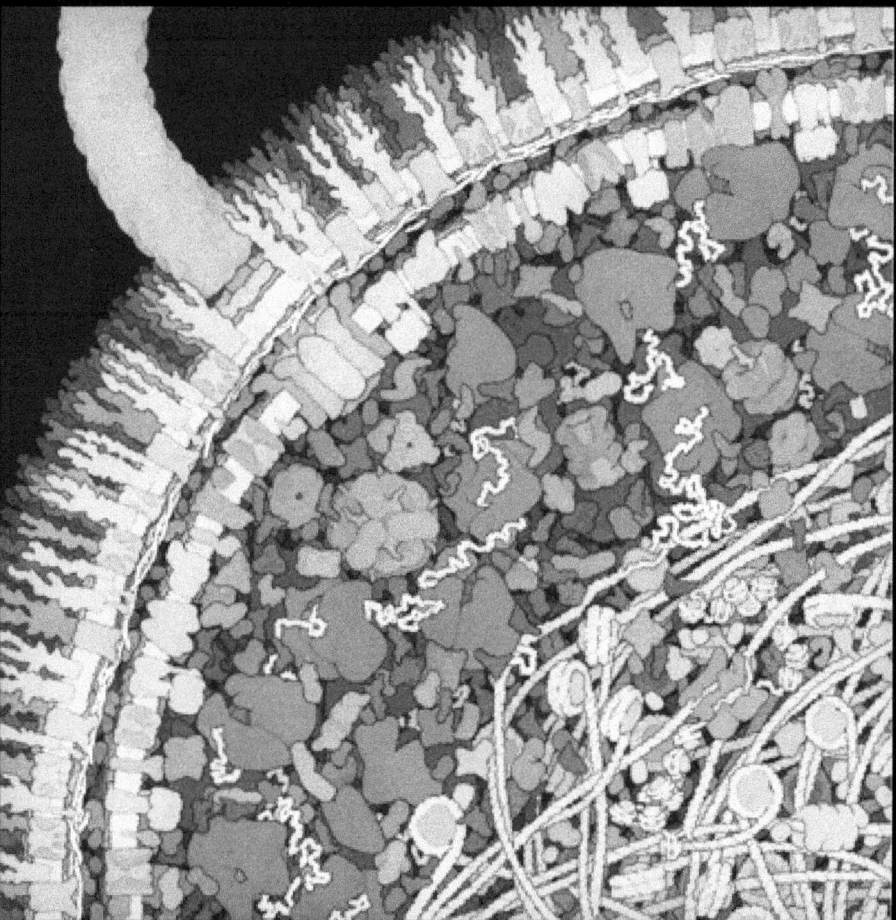

Nascimento da Ciência Há 2595 Anos

Cidade de Mileto, colónia na Ásia Menor (atual território turco) da antiga e clássica Grécia, que tanto nos moldou, que tanto conhecimento nos legou, num dia solarengo, naquilo que hoje seria o 28.º dia do nosso atual mês de maio, mas no ano de 585 antes de Cristo (a.C.).

Um cidadão grego, conhecido por Tales de Mileto, que passou à história como primeiro filósofo ocidental, também matemático, de quem temos alguma informação, e um dos *"Sete Sábios"* da Grécia Antiga.

Tales passeava, com o seu discípulo Anaxímenes, ao longo da margem de um curso de água. Discutiam, entre outras coisas, a evolução da Natureza. Tales argumentava que o "elemento" água era o primaz de todas as coisas. Anaxímenes contrapunha que era o ar a "substância" primeva. Discutiam ideias, olhos argutamente atentos às transformações do Universo. Em determinado momento, o caminho começou a ser ensombrado por um céu menos iluminado. Olhando com dificuldade para o astro-rei, verificaram que algo o estava a escurecer, como se um disco obscurecesse progressivamente o Sol radiante. Pacientes e perseverantes, esperaram o tempo necessário para verificarem que, o que é que fosse que estivera a encobrir o Sol, acabaria por se afastar descobrindo novamente o astro radiante.

Tales de Mileto não procurou, neste fenómeno, outras causas que não as naturais. Pelo contrário, e partindo do princípio de que cada acontecimento observável era o efeito de uma causa física inteligível, elaborou com os dados que tinha disponíveis uma causa hipotética para aquele acontecimento.

Até aqui, romanceei um pouco.

Mas, de facto, e tanto quanto sabemos, Tales de Mileto foi o primeiro ser humano a explicar o eclipse total do Sol como um fenómeno natural, pois de nenhuma outra coisa se tratava, usando a observação por ele recolhida, de a Lua ser iluminada pela

nossa estrela e de a Lua ser responsável pelo seu escurecimento ao "colocar-se à sua frente".

Na realidade, alguns relatos confirmam que este arguto pensador teria "previsto" um eclipse do Sol em 585 a.C. Por isso, muitos historiadores da Filosofia e da Ciência consideram este como o momento fundador da Filosofia e da "Ciência empírica".

É o caso do reputado físico estado-unidense Robert Lee Park, divulgador de ciência que se tem dedicado a desmascarar pseudociências e abusivas medicinas ditas alternativas.

Numa das crónicas na sua coluna *"What's New"*[45], Park comemora os 2595 anos da "ciência", chamando à ribalta da atualidade uma pertinente questão: por que não começar a educação de cada criança com o ensino da causalidade? E se os infindáveis porquês que todas as crianças fazem, com a maior das naturalidades e genuinidades, fossem acompanhados por um esforço "adulto" em responder às questões com a certeza de que há uma causa para cada efeito observável?

Sem medo de errar, de mão dada a um método rigoroso e não perigoso, espantemo--nos com o esplendor do mundo em que vivemos, ao soprar a vela desta efeméride no bolo do nosso conhecimento. E depois, batamos palmas por termos conseguido explicar, não só a vela apagada, mas também a Lua a ensombrar o Sol... Sem temer *"fins de mundos ensombrados por forças não físicas"*, continuemos embarcados na viagem gratificante da ciência.

Parabéns intelecto humano!

Quanto Mede um Meridiano

Em 1961, Yuri Gagarine, o primeiro ser humano no espaço, contemplou a Terra a bordo da nave *Vostok I*. Viu, num belo momento como descreveu, que o planeta de onde partira dias antes era maioritariamente azul e... redondo. Gagarin percorreu cerca de 40 mil quilómetros em cerca de uma hora e 48 minutos, dando uma volta completa ao planeta. A orbita que percorreu, descreveu a linha imaginária de um meridiano terrestre.

Desta forma, Yuri confirmava, mais metro menos metro, o cálculo do comprimento da circunferência da terra efetuado cerca de dois mil anos antes pelo matemático e geógrafo grego Eratóstenes de Cirene (atual cidade Líbia de Shahhat).

Eratóstenes, que nasceu em Cirene (c. 276 a.C) e morreu em Alexandria (c. 194 a.C) - "diretor" da famosa biblioteca desta cidade - foi o primeiro matemático da antiguidade a calcular a circunferência da Terra (comprimento do meridiano).

Com os pés bem assentes na terra, calculou a circunferência da Terra a partir de uma observação que o intrigou. Constatou que, ao meio-dia do dia 21 de junho (solstício de verão), os raios do Sol eram perpendiculares à superfície, iluminando totalmente o fundo de um poço em Siena (atual cidade egípcia de Assuã ou Assuão). Mas verificou que o mesmo não se observava, à mesma hora e mesmo dia, na cidade de Alexandria. A partir desta observação, e pressupondo que a Terra era esférica (o que Gagarine viu), e que os raios do Sol que iluminavam as duas cidades eram paralelos entre si, Eratóstenes planeou a seguinte experiência: medir o ângulo da sombra formada por estacas com o mesmo tamanho, naquelas duas cidades, no mesmo dia 21 de junho, ao meio dia. Em Siena a sombra foi nula. Em Alexandria registou um ângulo de 7,2 graus. Concluiu assim que o comprimento de um arco com 7,2 graus era igual à distância entre aqueles dois lugares. Dividiu por este valor 360, que é, como Eratóstenes sabia, o ângulo interno de qualquer circunferência, e obteve um

valor igual a 50. Deste modo, deduziu que o comprimento do meridiano terrestre era igual a 50 vezes a distância de Siena a Alexandria. A partir de ajuda que solicitou ao rei local, mediu a distância entre as duas cidades: 5 mil estádios (medida grega igual a 125 passos). Deste modo, chegou ao valor de 250 mil estádios para o comprimento da circunferência da Terra. Ora, dependendo do valor que atribuamos a um "estádio grego" (não há consenso sobre o assunto), aquela distância equivale a um valor entre 39 700 km e 46 600 km.

Hoje sabemos que o valor de um meridiano terrestre é aproximadamente igual a 40 003 km. E sabemos também que o planeta Terra, como outros corpos celestes, não é uma esfera regular e perfeita. Contudo, é espantosa a aproximação conseguida por Eratóstenes. Repare que ele só utilizou conhecimento matemático e perspicácia para o fazer.

O mesmo conhecimento matemático (alguma trigonometria e geometria) é, ainda hoje, suficiente para calcular a posição de um veículo, por GPS, e medir distâncias, apesar da necessidade para isso de "alguma" tecnologia com que Eratóstenes não terá sonhado...

Ciência e Técnica a Todo o Vapor

Observar, Interagir e modificar o ambiente envolvente para melhor sobreviver e resistir às fúrias dos elementos, é uma constante, essência própria da vida.

A complexidade, progressivamente crescente, da organização dos seres vivos, no seu diálogo íntimo com o Universo, apresenta hoje sistemas biológicos com linguagens e arquiteturas diversas.

A evolução dotou o cérebro com estruturas funcionais, cuja base é comum a muitos animais, e permitiu aos nossos antepassados longínquos utilizar e manipular objetos, para facilitar o garante da sobrevivência.

Milhões de anos passaram entre esse momento mágico, revoada de espanto numa sinapse recompensadora, em que um ramo vegetal na mão de um hominídeo, descreveu um arco e facilitou a obtenção de alimento, e este premir o polegar oponível num botão para controlar, à distância, um tecnológico braço robótico, mais ou menos antropomórfico, para reparar uma antena na Estação Espacial Internacional a cerca de 350 km da superfície da Terra, e à velocidade média de 27 000 km/h.

Nessa janela de tempo, o homem inventou a roda e as velas dos moinhos, construiu caravelas, aviões e foguetões, inventou bolhas de vidro contendo vácuo e iluminou as noites com tungsténio incandescente, descobriu como transformar materiais e inventou o transístor, descobriu a intimidade atómica e inventou a internet. Continuamos a utilizar o olhar, outros sentires e as mãos, mas somos substancialmente diferentes.

A observação atenta de como as coisas acontecem na natureza, integrada cerebralmente por sucessivas gerações de homens e mulheres, forjou a cultura humana com o conhecimento necessário para realizar obras úteis, a todos.

A ciência permite o conhecimento, explica o espanto, dissolve a aparência das coisas e desvenda os fundamentos dos fenómenos que nos intrigam.

A aplicação do conhecimento científico em coisas concretas e definidas permite a técnica. Por sua vez, a tecnologia explica e compreende os fenómenos técnicos. Com as ferramentas e o conhecimento a jusante da técnica, o Homem descobre novos mundos para explorar, e alimenta a ciência a montante.

De facto, assistimos ao longo da história da humanidade a um diálogo incessante entre ciência e técnica, entre técnica e ciência. Por vezes em monólogos aparentes, antecâmaras de ruturas de paradigmas, por vezes indistinguíveis num esforço conjunto para resolver problemas concretos.

Por exemplo, a técnica de saber fazer pão, a partir de um conhecimento empírico, explicada progressivamente pela ciência de saber como as leveduras, seres vivos unicelulares e microscópicos, transformam os açúcares da farinha dos cereais.

Por exemplo, a descoberta do efeito fotoelétrico por Hertz, explicado mais tarde por Einstein, e a sua posterior aplicação tecnológica em materiais semicondutores emissores de luz, fototransístores, LEDs, utilizados nos monitores modernos e que permitem "ver" a ilusão tridimensional.

Se a água líquida é uma constante da vida, o conhecimento de como domesticar o vapor de água, para dele retirar trabalho útil, mudou radicalmente a sociedade e vida humanas.

A máquina a vapor, engenho técnico, galvanizou e permitiu a revolução industrial, em meados do séc. XVIII. Entre suor e copos de água, a relação entre as pessoas mudou e uma nova forma de organização social emergiu, com a ciência e a técnica como denominadores comuns, imprescindíveis.

De facto, hoje vivemos numa sociedade baseada na tecnologia e na ciência. Mais do que nunca, impõe-se a aprendizagem e a divulgação dos conhecimentos que nos permitem entender e descodificar como é que a ciência nos ajuda a sermos mais íntegros e verdadeiros, como é que podemos usufruir das potencialidades tecnológicas para melhorar a nossa qualidade de vida.

Ciência e técnica celebram-se e vivem-se hoje em simultâneo. São a realização maior da capacidade neuronal em percecionar o mundo envolvente e integrar as diversas observações sentidas numa solução que produz conhecimento e trabalho.

E não esqueçamos que a consciência emocional modelou esta empresa científico-tecnológica desde o primeiro instante. A humanidade é científica e tecnológica desde o primeiro espanto, que é observar o mundo e tentar perceber um porquê, um como e o que é. E é com emoção que recebemos a compreensão do que não conseguíamos explicar antes.

E se antes um relâmpago nos inundava de receio e iluminava a galeria das divindades primevas, hoje o maravilhamento da compreensão do seu fenómeno é sossegado por um para-raios concreto, ainda que instalado na torre sinaleira de um templo qualquer.

"*Saper Vedere...*".
Leonardo da Vinci

A evolução sensorial da espécie humana "privilegiou" a perceção visual do mundo envolvente. À visão estereoscópica, decisiva para o cálculo instintivo das distâncias, adicionou-se uma visão a cores, sensível desde o vermelho ao violeta do espectro solar. Se a primeira garantiu uma interação geométrica com o espaço, potenciando o manuseamento de objetos, a construção de ferramentas, os gestos primevos de tecnologias futuras, a segunda garantiu a capacidade de detetar e identificar frutos coloridos nutritivos, vegetais tenros, no meio da vegetação densa. Isto parece também ter contribuído para libertar, progressivamente, os maxilares de "tarefas duras", originando espaço para uma crescente volumetria craniana.

A acuidade visual, associada à estereoscopia e à visão a cores, deu-nos vantagens competitivas. A capacidade de encontrar à distância alimentos mais nutritivos melhorou em muito, e em nosso favor, a relação entre quantidade e qualidade de nutrientes assimilados e o dispêndio em energia para os obter. Por outro lado, a panóplia de sabores e aromas associados à explosão de cores e nutrientes deve ter dado aos nossos ancestrais, prazeres gastronómicos de recompensa nunca antes sentidos.

Estes aspetos caldearam processos cognitivos num córtex cerebral em desenvolvimento e potenciaram a visão estereoscópica colorida à custa de outros sentidos. De facto, possuímos hoje mais células sensitivas à luz na retina do fundo ocular do que todas as restantes células associadas à perceção dos outros sentidos.

Mas de nada serviria recebermos este forte caudal de informação visual do exterior se não tivéssemos um órgão especializado no reconhecimento de padrões visuais, na integração dessa informação com a de outros sentidos, na interpretação e regulação da nossa posição no espaço físico.

Na realidade, e como já foi dito noutro lugar, precisamos do cérebro para ver. O número galáctico de sinapses entre milhões de neurónios permitiu a contemplação de imemoráveis noites estreladas, acolheu o sonho pela aventura da descoberta e do espanto, afastou o medo frio no luar prateado que aquecia a esperança de o dia nascer depressa, de um filho nascer sorrindo, de ter perto e poder olhar para um rosto afável e familiar, para o grupo, desenvolvendo uma sociabilidade nova num piscar de olho, no intervalo de uma sístole ventricular.

Charles Darwin (1809–1882), no seu livro *"A Expressão das Emoções no Homem e nos Animais"*, publicado em 1879, sublinha genialmente a importância da visão na fisiologia cerebral, que permite o reconhecimento das emoções nas expressões faciais e corporais. Segundo Darwin, este reconhecimento visual evoluiu entre os animais e está gravado na longa noite da ainda hoje polémica memória biológica das espécies.

Sem a nossa visão não teria sido possível uma representação gráfica e pictórica do nosso mundo. Aliás, parece ser intrínseco, mas talvez não exclusivo, à nossa espécie contar histórias, percebê-las e recordá-las através de um pensamento visual. Registá-las para a eternidade na parede de uma gruta secreta e umbilical, escavada na madrugada erosiva de rios amnióticos.

Sem a nossa visão, e a sua contínua interpretação cerebral, não teríamos desenvolvido esta capacidade de observar, tão preciosa para a ciência. Sem dúvida alguma, podemos afirmar que o método e os processos científicos são indissociáveis do uso, da perceção e do pensamento visual. Galileu Galilei (1564–1642) começou, em 1609, a observar o universo longínquo ampliando a nossa acuidade visual através do seu telescópio. Leonardo da Vinci (1452–1519) considerava a observação direta da experiência como essencial para a descoberta. Deu tanta importância à observação que sintetizou o seu processo de visualização e interrogação da natureza através da frase *"Saper vedere, Sapio audacter..."*, ou seja, conhecer pelo ver, ousar conhecer... De facto, durante o desenvolvimento conceptual e na planificação experimental é requerido muitas vezes aos cientistas um pensamento visual muito ativo. Isto quando não é a própria natureza do objeto em estudo algo puramente visual, algo tão precioso na observação da própria vida. Num exemplo, entre tantos outros possíveis, recordemos a janela aberta para o mundo celular pelo microscópio, primeiramente utilizado por Antoine van Leeuwenhoek (1632–1723) e por Robert Hooke (1635–1703)! Desde Schleiden e Schwann (1838) que não conseguimos pensar (ver) a Biologia sem a "sua" unidade básica, a célula, e sem as ilustrações dela, utilizadas tanto para desenvolver (ou criar) como para ensinar e divulgar conhecimento científico.

É de René Descartes (1596–1650) a seguinte afirmação: *"A imaginação ou a visualização, e em particular o uso de diagramas, desempenham um papel crucial na investigação científica"* (1637). Vivemos atualmente numa sociedade tecnológica muito estruturada na imagem e na visualização desta. A utilização de radiação, de apropriado comprimento de onda, permite "ver" os ossos ou os vasos sanguíneos sem que o clínico tenha de destruir tecidos para os desvendar e assim poder fazer um diagnóstico.

Muitos exemplos marcantes advêm das tecnologias atuais de imagiologia médica funcional. Estas vieram dar um grande impulso para o estudo e conhecimento dos processos cerebrais, assim como no diagnóstico não invasivo de inúmeras desordens neurológicas.

Talvez um dia, num futuro não muito distante, possamos visualizar o nosso próprio pensamento visual emocionado, como aquele que já nos é permitido através das já rotineiras ecografias que permitem antever os órgãos, o perfil, os primeiros gestos do nosso futuro bebé, sem o incomodarmos na sua calma noite gestacional amniótica.

Com o atual e rápido desenvolvimento da computação gráfica, associado a uma crescente acessibilidade a utilizadores não especialistas, será cada vez mais comum a visualização do "sub-microscópico", através de representações tridimensionais animadas e interativas, ou seja, hiper-realísticas.

Será deslumbrante poder "ver" uma célula a dividir-se, em tempo real, na palma da nossa mão, e poder observar as várias etapas sob várias perspetivas, e assim melhor compreender fenómenos aparentemente complexos, mas que se relacionam diretamente com o nosso dia a dia, com a nossa saúde!

Como ficou dito, a nossa visão a cores estereoscópica moldou a nossa perceção cognitiva do mundo que nos rodeia. Assim, os processos cognitivos estão modelados para reconhecer padrões tridimensionais multicoloridos. Por isto, não será de estranhar que a utilização de recursos educativos baseados em modelos 3D animados facilite uma melhor e mais intuitiva transmissão do conhecimento científico, entre outros. Não será de estranhar que os estudantes aprendam melhor o conteúdo residente em matérias abstratas, se o suporte de transmissão permitir a sua visualização num formato tridimensional. Sem diminuir a importância do suporte livro e os esquemas/diagramas, isto poderá ser particularmente útil na transmissão de conhecimento daquilo que não é visível à vista desarmada, daquilo que precisa de mil palavras para equivaler a uma imagem (2D). Não será de estranhar se, num futuro muito próximo, a literacia visual de professores e alunos vier a receber um enfoque cuidado e transversal a todo o ensino e a toda a prática científica, tal como defende Jean Trumbo, emérita professora de "comunicação visual e media interativos" na Universidade de Wisconsin-Madison (USA).

Nesta altura, em que comemoramos quarenta anos sobre o primeiro pequeno passo do Homem na Lua, poderemos estar muito próximos de saltarmos para um novo patamar de proximidade entre o conhecimento tecnológico e científico e o público, mediado por estas novas ferramentas de visualização multimédia 3D estereoscópicas.

Que rutura paradigmática ocorrerá quando for comum o nosso médico de família receber o nosso exame cardiológico, por exemplo, anexado a uma mensagem de correio eletrónico. Com um leve toque de um dedo indicador, abrir o ficheiro correspondente num programa de visualização adequado e apresentar o nosso próprio coração projetado tridimensionalmente entre nós e ele. Explicar porquê devemos mudar de dieta e de estilo de vida (sentirmos visualmente o esforço cansado do nosso miocárdio mesclado com tecido adiposo excessivo!), ampliar a visualização e destacar uma artéria coronária em perigo de obstrução por acumulação local de gordura em excesso! Olharmos determinados para o nosso coração e percebemos que não temos tido cuidado com ele.

Surgirão também novas ferramentas e perspetivas para o ensino e disseminação do conhecimento científico, aproximando cada vez mais a ciência às pessoas. O futuro da visualização, que já começou, com as suas potenciais aplicações biotecnológicas, trará uma renovada e atualizada visão sobre as interações entre o genoma, o proteoma, o metaboloma e o reactoma dos seres vivos, o que permitirá novos momentos de deslumbramento e espanto genuíno, aliados à descoberta de novos horizontes de curiosidade que, com certeza, aumentarão o nosso conhecimento sobre o que é a vida.

Luz

Pela janela do meu planeta entra a Luz que o enche de vida.

É uma janela admirável, debruada com pôr-de-sóis, alvoradas e outros fenómenos celestiais.

Por ela entra a Luz Solar com que "retino" e admiro os dias terrestres. Por ela vejo outros pontos irradiadores e refletores de luz quando, por ausência ou diminuição da primeira, me encho de noite, me tapo com ócio, ou me deslumbro com o que estava ofuscado. De noite, reflete no solo Lunar, mostrando-o diferente de quarto em quarto.

Luz é a parte visível ao meu olho de toda a radiação eletromagnética que as estrelas, como o Sol, irradiam para o espaço. Luz é energia que aquece o meu planeta e que as plantas usam para juntar dióxido de carbono e água na forma de açúcares.

A janela do meu planeta não está sempre com a mesma abertura ao longo da sua viagem de translação solar. O trilho elíptico e o eixo inclinado do meu pião planetário fazem com que, ao longo do ano, a luz passe pela janela com intensidades e periodicidades diferentes. Como resultado, o meu planeta veste-se com estações de vida, composições e estados físico-químicos diferentes, de quarto em quarto, por estas latitudes.

É como se a janela do meu planeta tivesse uma portada e uma persiana. A luz que por ela entra depende da posição combinada dos dois obliteradores.

A persiana sobe e desce com uma periodicidade diária. Ao subir, enche o dia de Luz. Quando desce, apaga as sombras deixando breu.

A portada abre e fecha com uma frequência e amplitude que depende da latitude em que estou no meu planeta. No equador, está sempre aberta. Nos trópicos oscila a um ritmo quaternário, mas nunca está totalmente aberta ou fechada. Nos pólos é binário: seis meses aberta, seis meses encerrada.

Nesta altura natalícia, mais precisamente no dia 21 de dezembro de 2010, pelas 23h38 (hora universal), a portada da janela do meu planeta recomeçou a abrir-se, para semear, dia a dia, a noite de luz.

Dizem os antigos que é a vitória da luz sobre as trevas. Diz a ciência que ocorreu o solstício de inverno. Dizemos todos que, por estas latitudes, os dias vão ter cada vez mais luz, vão ser cada vez mais compridos, até que a janela do meu planeta fique o mais aberta que lhe é possível por alturas do solstício de verão. Mas isso é só para o Ano Novo que, por estes dias de festa, também começa.

Luz crescente, renovada esperança, acordam as sementes adormecidas, florescem os botões de fertilidade. Maior exposição solar e com maior intensidade, maior a fotossíntese. Maior também a temperatura e os cristais de gelo, refulgentes estrelas de natal, recompõem-se na água líquida, fluido de vida, de viagem, de mudança.

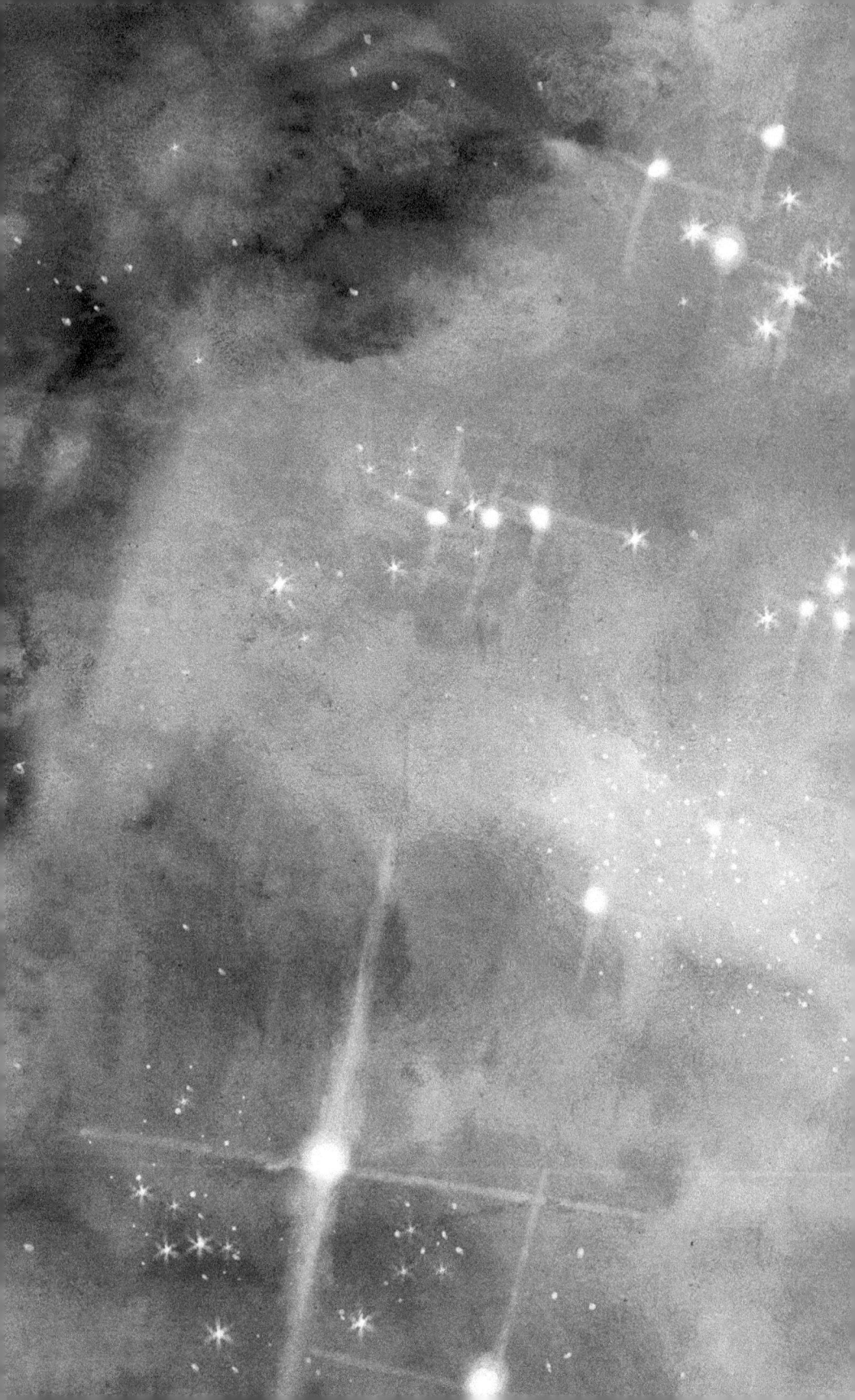

Novas Íris Para o Universo

O céu estrelado ilumina o pensamento.

Sentada num muro da casa rural da sua avó, longe das luzes ofuscantes das cidades e estando a Lua em fase Nova, assim contribuindo para o breu celeste, Maria sente-se imersa num número astronómico de estrelas. São incontáveis e aparentemente fixas. Para onde quer que dirija o olhar encontra enxames e mais enxames de pontos luminosos, corpos celestes a emitir radiação eletromagnética. Desta, os seus olhos só captam a parte visível do espectro eletromagnético, do vermelho ao violeta. Uma pequena parte de toda a paleta energética emitida desde o início do Universo.

Sobre os seus joelhos, Maria apoia um pequeno computador portátil. Ligado à internet, através de radiações eletromagnéticas, o seu navegador está sintonizado no sítio do *Sloan Digital Sky Survey-III*, um dos programas com o objetivo mais ambicioso da história da astronomia: construir o mais completo mapa tridimensional colorido de cerca de 930 mil galáxias e 120 mil quasares[46]. (Quasar é um corpo astronómico do qual captamos radiações eletromagnéticas com o comprimento de onda das ondas de rádio, com um núcleo ativo de tamanho aparente muito maior do que as estrelas, mas não suficientemente grande para poder ser considerado uma galáxia).

Maria recorda mentalmente os primeiros registos efetuados por seres humanos das estrelas que observavam, noite após noite, ano após ano, reconhecendo na aparente imobilidade estrelar figuras de deuses, animais e objetos do seu dia a dia. Constelações como as da Ursa Menor (que contém a estrela polar), Andrómeda, Cisne e Perseu, cujos nomes ainda hoje se utilizam para referenciar a localização de zonas da abóbada celeste.

Recorda ainda os desenhos que Galileu fez das crateras da Lua, dos anéis de Saturno, das luas de Júpiter, reproduzindo o que via através da observação dos corpos iluminados no firmamento noturno ampliados pelo seu telescópio de duas lentes.

Com o rosto iluminado pelo Universo, Maria reflete sobre como a tecnologia permite hoje captar o registo da evolução celeste. Não só através de enormes telescópios óticos situados em locais apropriados do planeta, mas também por intermédio de inúmeros satélites com instrumentação científica sensível a outras zonas do espectro eletromagnético.

Maria visita, na Internet, os *sites* das Agências Espacial Europeia (ESA) e Norte Americana (NASA) e encontra a referência a pelo menos sete satélites que, com instrumentação precisa e apropriada, perscrutam zonas específicas de quase todo o espectro eletromagnético: *Planck* (micro-ondas); *Herschel* (infravermelho longínquo); *JWST* (infravermelho); *Hubble ST* (vísivel); *Gaia* (infravermelho próximo, visível e ultravioleta); *XMM-Newton* (raios x); *Integral* (raios gama); *et cetera*.

Os conhecimentos astronómicos e astrofísicos, associados às atuais tecnologias de cálculo informático permitem descortinar e revelar informação sobre a matéria escura, a origem e os extremos do Universo, aspetos intangíveis aos nossos sentidos visuais.

Com o cérebro na posse do conhecimento e da tecnologia atuais, apesar de estes não impressionarem directamente a retina dos olhos de Maria, expandem a sua "tecitura visual" através de novas íris debruadas de cosmos, abertas para a realidade de um Universo imenso e inexplorado, fronteiras de espanto de novos caminhos neuronais...

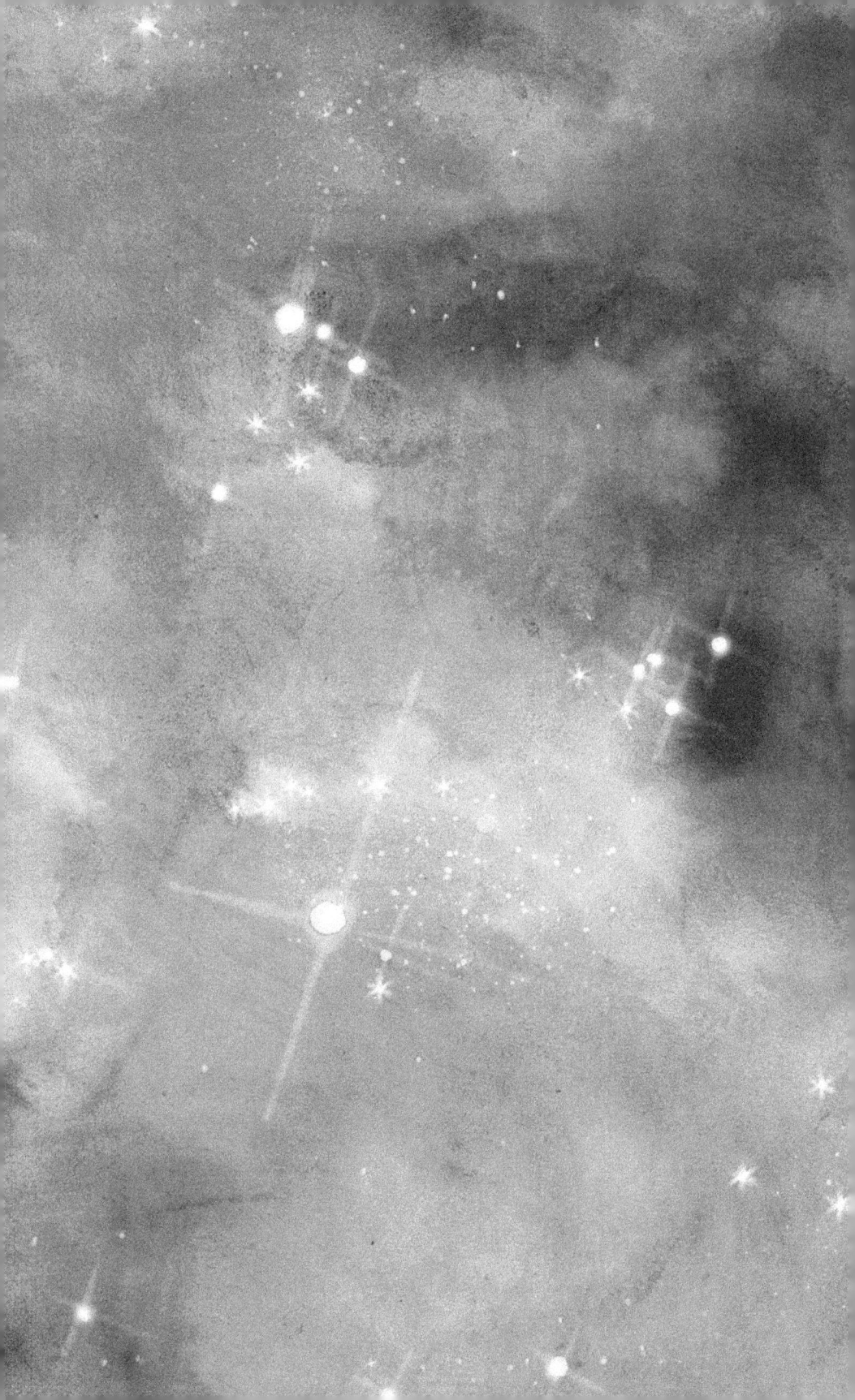

REFERÊNCIAS

1 - http://www.nature.com/nature/journal/v466/n7305/abs/nature09263.html

2 - http://www.cell.com/neuron/retrieve/pii/S0896627310002849

3 - http://www.nature.com/nature/journal/v466/n7305/abs/nature09263.html

4 - http://www.fchampalimaud.org/newsroom/detail/j-anthony-movshon-e-william-newsome-ganham-premio/

5 - Ver por exemplo: http://www.nature.com/nature/journal/v396/n6707/abs/396133a0.html

6 - Ver por exemplo: http://www.pnas.org/content/82/13/4443.full.pdf+html

7 – http://www.nature.com/nature/journal/v325/n6099/abs/325031a0.html

8 - http://www.nature.com/nature/journal/v464/n7290/full/nature08976.html

9 - http://www.nature.com/nature/journal/v464/n7290/full

10 - http://www.sciencemag.org/content/328/5979/710.full

11 - http://www.pnas.org/content/96/13/7604.full

12 - http://www.pnas.org/content/early/2010/06/29/1000979107.full.pdf+html

13 - http://genome.ucsc.edu/cgi-bin/hgTracks?org=Human&db=hg18&position=chr7:155288319-155297728

14– ver vídeo aqui: http://www.pnas.org/content/suppl/2010/06/30/1000979107.DCSupplemental

15 - Ver vídeo aqui: http://videos.sapo.pt/QfZlQlMG8NMjs2WUMiVK

16 - http://www.ajtr.org/

17 - http://stm.sciencemag.org/content/1/1

18 - http://www.translational-medicine.com/

19 - http://secondlife.com/?v=1.1

20 - http://www1.imperial.ac.uk/medicine/teaching/elearning/

21 - http://www.ireport.com/docs/DOC-159220

22 - http://edition.cnn.com/2009/TECH/03/30/doctors.second.life/

23 - http://www.scienceroll.com/2007/06/17/top-10-virtual-medical-sites-in-second-life/

24 - http://www.youtube.com/watch?v=gN2zcLBr_VM&feature=player_embedded#at=16

25 - http://map.gsfc.nasa.gov/

26 - http://www.bnl.gov/rhic/

27 - http://www.sheffield.ac.uk/mediacentre/2010/1662.html

28 - http://shine.sheffield.ac.uk/

29 - http://www.youtube.com/watch?v=ZbIffp40U8w&feature=player_embedded

30 - http://soundcloud.com/university-of-sheffield/sound-of-the-sun

31 - http://onlinelibrary.wiley.com/doi/10.1002/pmic.200700422/abstract

32 - http://bcl.med.harvard.edu/proteomics/proj/csf/menu.php

33 - http://www.proteinatlas.org/index.php

34 - http://www.ornl.gov/sci/techresources/Human_Genome/project/about.shtml

35 - http://www.youtube.com/watch?v=ObTvZ6KCmSY&feature=player_embedded

36 - http://www.sciencemag.org/content/329/5987/52.full

37 - http://www.nature.com/nature/journal/v467/n7311/full/nature09354.html

38 - http://www.norvol.hi.is/pdf/EPSL04-WalterTronnesEE-diff.pdf

39 - http://onlinelibrary.wiley.com/doi/10.1111/j.1574-6976.2002.tb00617.x/full

40 - http://www.biology-direct.com/content/2/1/33

41 - http://jn.nutrition.org/content/137/12/2798.full

42 - http://www.nature.com/nature/journal/v459/n7250/full/nature08073.html

43 - http://www.rcsb.org/pdb/home/home.do

44 - http://mgl.scripps.edu/people/goodsell/

45 - http://bobpark.physics.umd.edu/bob.html

46 - http://www.sdss.org/

Notas Sobre a Publicação das Crónicas

CAMINHOS NEURONAIS (Diário de Coimbra de 31 de julho)

NEURÓNIOS CINÉFILOS (Diário de Coimbra de 26 de julho)

NEURÓNIOS SINALEIROS (Diário de Coimbra de 14 de junho)

EXCELSA BIOSINERGIA (1) (Diário de Coimbra de 08 de junho)

EXCELSA BIOSINERGIA (2) (Diário de Coimbra de 15 de junho)

A HERANÇA GENÉTICA DE EVA (Diário de Coimbra de 4 de maio)

DE NEANDERTAL TODOS TEMOS UM POUCO (Diário de Coimbra de 11 de maio)

DORES NA COLUNA? E OS GENES, NÃO AJUDAM? (Diário de Coimbra de 06 de julho)

CRÓNICA BREVE DE UMA DOR ANUNCIADA (Diário de Coimbra de 13 de julho)

CRÓNICA BREVE DE UMA DOR ANUNCIADA (2) (Diário de Coimbra de 20 de julho)

MEDICINA DO SECULO XXI (Diário de Coimbra de 20 de abril)

HOSPITAL VIRTUAL (Diário de Coimbra de 27 de abril)

O SILÊNCIO DO VAZIO (Diário de Coimbra de 18 de maio)

MÚSICA NA COROA SOLAR (Diário de Coimbra de 29 de abril)

MÚSICA NOS GENES (O Despertar de 1 outubro 2009)

O LEGO DA VIDA (Diário de Coimbra de 25 de maio)

ALTRUÍSMO BACTERIANO (O Despertar 21 de setembro de 2010)

BREVES SOBRE O ARSÉNIO E O FÓSFORO NA VIDA (Associação Viver a Ciência, 17 de dezembro de 2010)

FLUIR PARA CRESCER (O Despertar em 30 de agosto de 2010)

AGUARELA BIOQUÍMICA (O Despertar de 21 de fevereiro)

NASCIMENTO DA CIÊNCIA HÁ 2595 ANOS (Diário de Coimbra de 1 de junho)

QUANTO MEDE UM MERIDIANO (O Despertar 19 de maio de 2010)

CIÊNCIA E TÉCNICA A TODO O VAPOR (Web site Associação Viver a Ciência, 24 de novembro de 2010)

"SAPER VEDERE..." (Revista Biologia e Sociedade, nº 9, Ordem dos Biólogos - outubro 2009)

LUZ (O Despertar, 24 de dezembro de 2010)

NOVAS ÍRIS PARA O UNIVERSO (Newsletter do Jornal on-line Boas Notícias, 1ª quinzena de janeiro de 2011)

TÍTULOS PUBLICADOS

1 - Ana Leonor Pereira; João Rui Pita [Coordenadores]
— *Miguel Bombarda (1851-1910) e as singularidades de uma época* (2006)

2 - João Rui Pita; Ana Leonor Pereira [Coordenadores]
— *Rotas da Natureza. Cientistas, Viagens, Expedições e Instituições* (2006)

3 - Ana Leonor Pereira; Heloísa Bertol Domingues; João Rui Pita; Oswaldo Salaverry Garcia
— *A natureza, as suas histórias e os seus caminhos* (2006)

4 - Philip Rieder; Ana Leonor Pereira; João Rui Pita
— *História Ecológico-Institucional do Corpo* (2006)

5 - Sebastião Formosinho
— *Nos Bastidores da Ciência - 20 anos depois* (2007)

6 - Helena Nogueira
— *Os Lugares e a Saúde* (2008)

7 - Marco Steinert Santos
— *Virchow: medicina, ciência e sociedade no seu tempo* (2008)

8 - Ana Isabel Silva
— *A Arte de Enfermeiro. Escola de Enfermagem Dr. Ângelo da Fonseca* (2008)

9 - Sara Repolho
— *Sousa Martins: ciência e espiritualismo* (2008)

10 - Aliete Cunha-Oliveira
— *Preservativo, Sida e Saúde Pública* (2008)

11 - Jorge André
— *Ensinar a estudar Matemática em Engenharia* (2008)

12 - Bráulio de Almeida e Sousa
— *Psicoterapia Institucional: memória e actualidade* (2008)

13 - Alírio Queirós
— *A Recepção de Freud em Portugal* (2009)

14 - Augusto Moutinho Borges
— *Reais Hospitais Militares em Portugal* (2009)

15 - João Rui Pita
— *Escola de Farmácia de Coimbra* (2009)

16 - António Amorim da Costa
— *Ciência e Mito* (2010)